Carl Sagan, Direktor des Laboratory for Planetary Studies, Inhaber der David-Duncan-Professur für Astronomie und Raumwissenschaften an der Cornell University, hat bei der Planung und Vorbereitung der Mariner-, Viking- und Voyager-Expeditionen zu den Planeten eine wesentliche Rolle gespielt und wurde dafür von der NASA mit den Medaillen für Exceptional Scientific Achievement und Distinguished Public Service sowie mit dem Internationalen Astronautenpreis, dem Prix Galabert, ausgezeichnet. Sagan war Vorsitzender der Abteilung für Planetenwissenschaften der American Astronomical Society und der astronomischen Abteilung der American Association for the Advancement of Science sowie Präsident der planetologischen Abteilung der American Geophysical Union. Darüber hinaus wirkte Sagan zwölf Jahre lang als Chefredakteur der führenden Fachzeitschrift für Planetenforschung *Icarus*. Außer 400 wissenschaftlichen und populären Abhandlungen veröffentlichte Sagan als Verfasser, Mitautor oder Herausgeber über ein Dutzend Bücher, darunter »Die Drachen von Eden – Das Wunder der menschlichen Intelligenz« und »Signale der Erde«. 1975 erhielt er den Joseph-Priestley-Preis »für hervorragende Beiträge zur Wohlfahrt der Menschheit« und 1978 den Pulitzer-Preis für Literatur.

Von Carl Sagan sind außerdem als Knaur-Taschenbücher erschienen:

»... und werdet sein wie Götter« (Band 3646)
»Signale der Erde« (Band 3676)

Deutsche Erstausgabe
© Droemersche Verlagsanstalt Th. Knaur Nachf. München 1984
Titel der Originalausgabe »Nuclear War and Climatic Catastrophe«
© 1983, 1984 Dr. Carl Sagan
Nachdruck mit Genehmigung der Scott Meredith Literatur Agentur Inc.,
New York
Eine kürzere Fassung der vorliegenden Arbeit ist unter dem Titel »Nuclear
War and Climatic Catastrophe« in der Zeitschrift Foreign Affairs
erschienen
Dieses Buch repräsentiert Erkenntnisse aus Studien, deren Resultate
im Frühjahr 1984 vorlagen
Aus dem Amerikanischen von Karl Heinz Siber
Satz Werksatz GmbH, Wolfersdorf
Umschlaggestaltung Franz Wöllzenmüller
Druck und Bindung Ebner Ulm
Printed in Germany · 1 · 15 · 1084
ISBN 3-426-03764-5

1. Auflage

Carl Sagan:
Atomkrieg und Klimakatastrophe

Knaur

ISBN 3-426-03764-5   780

Inhalt

Einleitung 9
Die Klimakatastrophe 15
Biologische Folgewirkungen 39
Implikationen für Strategie und Politik 53
Erstschlag 56
Atomkrieg unterhalb der Schwelle zur Klimakatastrophe 60
Vertragliche Beschränkungen der Sprengkraft und der Angriffsziele 63
Übergang zu zielgenaueren Waffensystemen geringerer Sprengkraft 66
Folgen für die Dritte Welt 70
Schutzbunker 71
Raketenabwehrsysteme 73
Andere Möglichkeiten 76
Den atomaren Rüstungswettlauf umkehren 81
Zusammenfassung und Schlußfolgerungen 99
Danksagung 103
Anmerkungen 107
Tabellen und Schaubilder 112

»Es ist nicht einmal unvorstellbar, daß die Auswirkungen eines mit weitgehend vervollkommneten Waffen und mit äußerster Entschlossenheit geführten Atomkriegs den Fortbestand der Menschheit gefährden würden.«

> Edward Teller
> in *Bulletin of the Atomic Scientists,* Februar 1947.

»Die tödliche Gefahr für die Menschheit, die dieser Vorschlag [von Edward Teller und anderen, thermonukleare Waffen zu entwickeln] in sich birgt, wiegt schwerer als jeder denkbare militärische Nutzen.«

> J. Robert Oppenheimer et al.
> im *Bericht des General Advisory Committee bei der US-Atomenergie-Kommission,* Oktober 1949.

»Die Tatsache, daß der Zerstörungskraft dieser Waffe keine Grenzen gesetzt sind, macht ihre bloße Existenz und die Kenntnis ihrer Konstruktionsweise zu einer Gefahr für die Menschheit ... Sie ist ... eine verwerfliche Erfindung.«

>	Enrico Fermi und I.I. Rabi
>	siehe *ebenda*, Nachschrift

»Ein umfassend geführter Atomkrieg wäre eine Katastrophe von unbeschreiblichen Ausmaßen und mit absolut unvorhersagbaren Folgen, wobei etwaige Überraschungen sicherlich eher negativer als positiver Natur sein werden ... Ein totaler Atomkrieg wäre gleichbedeutend mit dem Untergang der heutigen Zivilisation; er würde die Menschheit um Jahrhunderte zurückwerfen, Hunderte oder sogar Tausende Millionen Menschen das Leben kosten und mit einer gewissen Wahrscheinlichkeit die Menschheit als biologische Spezies auslöschen ...«

>	Andrej Sacharow
>	in *Foreign Affairs,* 61, 1001 –
>	Sommer 1983

Einleitung

Apokalyptische Prophezeiungen bedürfen, um ernst genommen zu werden, einer überzeugenderen Beweisführung als Aussagen über andere, weniger folgenschwere Sachverhalte. Da die unmittelbaren Detonationswirkungen schon einer einzigen thermonuklearen Waffe so verheerend sind, liegt es nahe, anzunehmen – auch ohne eine detaillierte Analyse der Vorgänge –, daß die mehr oder weniger gleichzeitige Detonation von Zehntausenden solcher Waffen über weiten Teilen der nördlichen Erdhalbkugel unvorhersagbare Folgen katastrophalen Ausmaßes nach sich zöge.
Allein, während weithin Einigkeit darüber herrscht, daß ein umfassender atomarer Schlagabtausch zumindest für die nördliche Hemisphäre das Ende der Zivilisation bedeuten könnte, ist die Behauptung, ein Atomkrieg könnte die Erdenmenschen auf ein prähistorisches Existenzniveau zurückwerfen oder gar das Aussterben der menschlichen Rasse bewirken, von manchen Politikern als Panikmache oder, noch schlimmer, als haltlos abgetan worden. Populärwissenschaftliche Veröffentlichungen dieses Tenors, wie Nevil Shutes *On the Beach* oder Jonathan Schells *Das Schicksal der Erde*, sind als unseriöse Pamphlete diskreditiert worden. Warnungen vor einer apokalyptischen Katastrophe werden als unbewiesen und unplausibel verworfen, und es wird gesagt, daß es unklug sei, die Leute mit Weltuntergangsgerede zu erschrecken, wo wir doch, so heißt es, die Atomwaffen

zur Erhaltung des Friedens benötigen. Indes, wie die eingangs angeführten Zitate zeigen, sind ähnlich düstere Voraussagen von angesehenen Wissenschaftlern unterschiedlicher politischer Gesinnung ausgesprochen worden, nicht zuletzt von vielen derjenigen amerikanischen und sowjetischen Physiker, die selbst an der Erfindung, Entwicklung und Konstruktion atomarer Vernichtungswaffen mitgewirkt haben.[1]
Zum Teil beruft sich der Widerstand gegen eine ernsthafte Auseinandersetzung mit solchen apokalyptischen Prophezeiungen auf den Umstand, daß diese zwangsläufig nur auf theoretischer Grundlage beruhen. Die Analyse der langfristigen Auswirkungen eines Atomkriegs ist ein wissenschaftliches Problem, das nun einmal nicht der experimentellen Klärung zugänglich ist — es sei denn in Form eines einzigen, nicht wiederholbaren Experiments. Ein zweites Widerstandsmotiv ist psychischer Natur. In den Augen der meisten Menschen ist die Gefahr eines Atomkriegs etwas Schreckliches und die Politik der atomaren Abschreckung ein unentwirrbares Gemisch aus komplexen technischen Zusammenhängen, staatlicher Geheimnistuerei und bürokratischer Eigendynamik, und sie neigen dazu, das zu tun, was die Psychologen Verdrängung nennen: sich über das quälende Problem einfach keine Gedanken mehr zu machen, da man offenbar doch nichts ändern kann. Dies zu tun, sehen sich bestimmt auch die politisch Verantwort-

lichen mitunter versucht; bei ihnen speist sich die Verdrängungsneigung freilich aus einem zusätzlichen Motiv: Wenn sich erweisen sollte, daß ein Atomkrieg mit hoher Wahrscheinlichkeit das Ende unserer Zivilisation oder unserer Spezies bedeuten würde, würde dies womöglich den politischen Fähigkeiten derjenigen, die, aktiv oder passiv, für das weltweite atomare Wettrüsten verantwortlich sind (oder es in der Vergangenheit waren), nachträglich ein schlechtes Zeugnis ausstellen.
Es geht um zuviel, als daß wir uns von solchen irrationalen Faktoren an einer Analyse der wahrscheinlichen Auswirkungen eines Atomkriegs hindern lassen dürften. Wenn es nunmehr den Anschein hat, als ob diese Auswirkungen sehr viel verheerender sein würden, als die Militärs und Politiker es bisher angenommen haben, dann bedürfen die daraus ableitbaren Folgerungen dringend einer ernsthaften Prüfung.
In diesem Sinne will dieser Bericht zunächst eine kurze, populärwissenschaftlich gehaltene Zusammenfassung der klimatischen und biologischen Auswirkungen eines Atomkriegs geben; die Darstellung beruht auf gründlichen, breit angelegten wissenschaftlichen Untersuchungen, die im Verlauf der letzten beiden Jahre durchgeführt wurden und deren zentrale Schlußfolgerungen inzwischen von einer großen Zahl von Wissenschaftlern anerkannt worden sind. Diese Befunde wurden in detaillierter Form bei einer Konferenz vorgetragen, die

vom 22. bis 26. April 1983 unter Beteiligung von fast hundert Naturwissenschaftlern in Cambridge (Massachusetts) stattfand, und wurden am 31. Oktober und 1. November 1983 bei einer Pressekonferenz in Washington der Öffentlichkeit vorgelegt. Die Presse referierte die dort vorgestellten Erkenntnisse in summarischer Form; eine ausführlichere Darstellung der Befunde und der ihnen zugrunde liegenden Untersuchungen ist in der amerikanischen Wissenschaftszeitschrift *Science* erschienen. [2, 3] Das vorliegende Referat ist in erster Linie für den nicht-wissenschaftlichen Leser bestimmt. Im Anschluß an die referierende Darstellung werde ich die denkbaren strategischen und politischen Implikationen der neuen Erkenntnisse zu ertasten versuchen. Sie weisen auf eine offenbar unausweichliche Konsequenz hin: auf die Notwendigkeit, so schnell wie möglich zu einem Abbau der weltweiten Nukleararsenale zu kommen, bis ein Niveau der atomaren Bewaffnung erreicht ist, das, selbst wenn es zum Einsatz käme, eine Klimakatastrophe und eine biologische Verheerung des Ausmaßes, wie es aus heutiger wissenschaftlicher Sicht zu befürchten ist, nach allem Ermessen nicht würde hervorrufen können. Um diese Bedingung zu erfüllen, müßte das weltweite Arsenal an nuklearstrategischen Waffen auf einen kleinen Prozentsatz seines gegenwärtigen Umfangs reduziert werden.

Die Klimakatastrophe

Die unmittelbaren Wirkungen der Explosion eines einzelnen thermonuklearen Sprengsatzes sind wohlbekannt und ausführlich dokumentiert – Hitzestrahlung, prompte Neutronen- und Gammastrahlung, Druckwelle und Feuersturm.[4] Die Hiroschima-Bombe, die zwischen hunderttausend und zweihunderttausend Menschen tötete, war eine Spaltungsbombe von rund zwölf Kilotonnen Sprengkraft (d.h. ihre Sprengwirkung entsprach der von 12 000 Tonnen TNT). Bei modernen thermonuklearen Sprengköpfen dient ein Gerät ähnlich der Hiroschima-Bombe als Zünder – als das »Streichholz«, mit dem die Fusionsreaktion und damit die eigentliche Detonation gezündet wird. Eine Standard-Atomwaffe von heute hat eine Sprengkraft von rund 500 Kilotonnen oder 0,5 Megatonnen (eine Megatonne entspricht der Sprengwirkung von einer Million Tonnen TNT). Das amerikanische wie auch das sowjetische strategische Arsenal enthält viele Atomwaffen mit einer Sprengkraft von 9 bis 20 Megatonnen. Der stärkste Sprengsatz, der je zur Explosion gebracht wurde, war 58 Megatonnen »schwer«.[5]

Als »strategisch« werden Waffen bezeichnet, die von land- oder U-Boot-gestützten Raketen oder von Bomberflugzeugen zu Zielen auf dem Territorium des Feindes befördert werden. Viele Atomwaffen mit einer Sprengkraft, die in etwa der der Hiroschima-Bombe entspricht, sind im Rahmen der heutigen Militärplanungen für »taktische« oder »Gefechtsfeld«-Aufgaben vorgesehen, oder sie laufen unter der Kategorie »Munition« und sind für Boden-Luft- und Luft-Luft-Raketen, Torpedos, Wasserbomben und Artilleriegeschütze bestimmt. Strategische Atomwaffen sind in der Regel auf höhere Sprengkraft ausgelegt als taktische, doch gilt dies nicht ausnahmslos.[6] Moderne taktische oder Gefechtsfeld-Raketen (wie z.B. Pershing 2 oder SS 20) und Luftunterstützungswaffen (wie z.B. die, mit denen Flugzeuge wie die F-15 oder die MiG-23 bestückt sind) haben eine so große Reichweite, daß die Unterscheidung zwischen »strategischen« und »taktischen« oder »Gefechtsfeld«-Waffen in bezug auf sie zunehmend willkürlicher erscheint. Waffen beider Kategorien können von land- und seegestützten Raketen, von Flugzeugen, von Mittelstrecken- wie von Langstrecken-Trägersystemen ins Ziel gebracht werden. Wie auch immer, nach der gewohnten Zählweise lagern in den Arsenalen der Amerikaner und der Sowjets zusammen rund 18000 strategische thermonukleare Waffen (Sprengköpfe) mit den dazugehörenden atomaren Zündern; dies entspricht einer akkumulierten Sprengkraft von ungefähr 10000 Megatonnen.

Die Gesamtzahl aller Nuklearwaffen (strategische plus taktische plus Gefechtsfeldwaffen) in den Arsenalen der beiden Supermächte liegt bei annähernd 50000, mit einer kumulierten Sprengkraft von nahezu 15000 Megatonnen. Der Einfachheit halber wollen wir hier die Unterscheidung zwischen strategischen und Gefechtsfeld-Waffen fallenlassen und unter der Rubrik »strategisch« eine kumulierte Sprengkraft von 13 000 Megatonnen subsumieren. Das Atomwaffenarsenal der übrigen Welt – hauptsächlich Großbritanniens, Frankreichs und Chinas – umfaßt noch einmal viele Hunderte von Sprengköpfen und ein paar hundert Megatonnen zusätzlicher Sprengkraft.

Natürlich weiß niemand, wie viele Sprengköpfe mit einer wie großen kumulierten Sprengkraft im Falle eines Atomkriegs detonieren würden. Klar ist, daß infolge von Abwehrmaßnahmen gegen strategische Bomber und Raketen und infolge technischen Versagens ein Teil der vorhandenen Atomwaffen nicht detonieren würde. Auf der anderen Seite gilt es als ziemlich sicher – selbst bei den meisten Militärplanern –, daß es fast unmöglich wäre, einen »kleinen« atomaren Schlagabtausch zu begrenzen und sein Ausufern zu einem großen, unter Einsatz des größten Teils der vorhandenen Waffen geführten Krieg zu verhindern.[7] (Zu den eskalationsfördernden Faktoren zählt man Systemfehler und Pannen in den Kommando- und Kontrollmechanismen, Störungen oder Zusammenbrüche in den Kommunikationssystemen, die Notwendigkeit, in Minutenschnelle über das Schicksal von Millionen von Menschen zu entscheiden, sowie Angst- und Panikreaktionen und andere unver-

meidliche Attribute eines von wirklichen Menschen geführten wirklichen Atomkriegs.) Allein schon aus diesen Gründen muß bei jedem ernsthaften Versuch, die möglichen Konsequenzen eines Atomkriegs zu analysieren, zunächst und vor allem von einem ausufernden Schlagabtausch in der Größenordnung von fünf- bis siebentausend Megatonnen ausgegangen werden, und viele Untersuchungen sind auch tatsächlich von dieser Annahme ausgegangen.[8] Der Leser sollte jedoch wissen, daß viele der im folgenden beschriebenen Wirkungen auch schon bei einem Atomkrieg von viel kleineren Dimensionen eintreten können.
Die strategischen Flugplätze und Raketensilos des Feindes, seine Flottenstützpunkte, seine auf See kreuzenden U-Boote, seine Rüstungsfabriken und seine Waffenlager, seine zivilen und militärischen Kommandozentralen, die Sinnesorgane und das Gehirn seines Frühwarnsystems sind die wahrscheinlichen Ziele bei einem »Counterforce«-Angriff. Es wird zwar oft beteuert, daß Städte »an sich« keine Angriffsziele sind[9], aber viele der eben genannten Zielobjekte befinden sich in Städten oder in deren unmittelbarer Nähe; das gilt besonders für Europa. Dazu kommt, daß es eine spezielle Zielplanung gibt, die gegen wichtige Industriebetriebe des Feindes gerichtet ist (»Countervalue«-Angriff). Die modernen nuklearen Strategiekonzepte sehen die Zerstörung »kriegswichtiger Anlagen« aller Art vor. Viele dieser

Anlagen sind natürlich Industriebetriebe, in denen eine große Zahl von Menschen beschäftigt ist. Solche Betriebe befinden sich fast immer in Ballungsgebieten oder in der Nähe von Verkehrsknotenpunkten, so daß der An- und Abtransport der Rohmaterialien bzw. der fertigen Produkte problemlos erfolgen kann. Das heißt nichts anderes, als daß solche Betriebe fast per definitionem in oder bei Großstädten liegen. Als weitere »kriegswichtige« Ziele kommen in Frage: Verkehrssysteme (Straßen, Kanäle, Flüsse, Eisenbahnen, Flughäfen usw.), Erdölraffinerien, Öltanks und Pipelines, Wasserkraftwerke, Radio- und Fernsehsender und ähnliches mehr. Ein breit angelegter »Countervalue«-Angriff würde also möglicherweise die allermeisten Großstädte in den Vereinigten Staaten und der Sowjetunion, ja vielleicht auf der nördlichen Erdhalbkugel als Ganzer in Mitleidenschaft ziehen.[10] Es gibt auf der ganzen Welt weniger als 2500 Großstädte mit mehr als 100000 Einwohnern; alle diese Städte in einem Aufwasch zu verwüsten, liegt angesichts der Zahl der heute vorhandenen und einsatzbereiten Atomwaffen also durchaus im Bereich des Möglichen.

Nach neueren Schätzungen könnte bei einem größeren atomaren Schlagabtausch, bei dem auch Ziele in und bei Großstädten angegriffen würden, die Zahl der unmittelbar Getöteten (durch Hitze- und Teilchenstrahlung, Druckwelle und Feuersturm) zwischen mehreren hundert Millionen und 1,1 Milliarden Menschen liegen – der letztgenannte Schätzwert stammt aus einer Studie der Weltgesundheitsorganisation WHO, in der davon ausgegangen wird, daß im Ernstfall auch einige Länder betroffen wären, die nicht der NATO oder dem Warschauer Pakt angehören.[11] Schwere Verletzungen, die einer sofortigen ärztlichen Betreuung bedürften (die im wesentlichen nicht zur Verfügung stünde), würde eine ähnlich große Zahl von Menschen erleiden, vielleicht noch einmal 1,1 Milliarden.[12] Man muß somit von der Möglichkeit ausgehen, daß nahezu die Hälfte der Weltbevölkerung an den unmittelbaren Auswirkungen eines Atomkriegs zugrunde ginge oder schwer verletzt würde. Der Zusammenbruch jeder gesellschaftlichen Ordnung, der Ausfall der Strom- und Kraftstoffversorgung, der Verkehrsmittel, des Lebensmitteltransports, der Nachrichtenverbindungen, der medizinischen Versorgung und anderer gesellschaftlicher Funktionssysteme, die Verschlechterung der sanitären Verhältnisse sowie die großflächige Ausbreitung von Krankheiten und schweren psychischen Störungen – alle diese Faktoren zusammen würden zweifellos eine beträchtliche Zahl zusätzlicher Todesopfer fordern. Dieses düstere Schadensbild müssen wir nun noch mit einigen Facetten ergänzen, die es noch finsterer erscheinen lassen: einigen Faktoren, die teils in den bisherigen Studien zum Thema nicht gebührend berücksichtigt, teils erst neuerdings er-

kannt worden und teils noch überhaupt nicht bedacht sind.
Wegen der nicht ganz ausschaltbaren Zielabweichungen der Trägerraketen benötigt man, um Raketensilos, verbunkerte Kommandozentralen und andere »gehärtete« Ziele zerstören zu können, Atomwaffen von verhältnismäßig großer Sprengkraft, die in unmittelbarer Bodennähe oder beim Aufschlag auf den Boden explodieren. Solche bodennahen Detonationen würden im Zielgebiet das Oberflächenmaterial pulverisieren, verdampfen oder schmelzen lassen und große Mengen von Kondensat und Feinstaub in die obere Troposphäre und die Stratosphäre schleudern. Die Hauptmasse der Gas- und Staubpartikel würde vom aufsteigenden Feuerball emporgerissen werden; ein kleinerer Teil würde im Stamm des Atompilzes emporwirbeln.
Die meisten militärischen Ziele sind jedoch nicht stark gehärtet. Wie die Beispiele Hiroschima und Nagasaki gezeigt haben, läßt sich die Zerstörung einer Großstadt mittels einer Bombe von relativ geringer Sprengkraft, die weniger als einen Kilometer über dem Boden zur Explosion gebracht wird, bewerkstelligen. Die bodenferne Detonation einer relativ kleinen Bombe über einer Großstadt oder in der Nähe eines Waldgebiets würde einen massiven Feuersturm hervorrufen, der sich über eine Fläche von hunderttausend oder mehr Quadratkilometern erstrecken könnte. Beim Brand einer

Großstadt entstehen enorme Mengen schwarzen, öligen Rauchs, die mindestens bis in die obere Schicht der Troposphäre gelangen. Kommt es zu einem Feuersturm, so erzeugt dieser einen mächtigen Sog, ähnlich wie bei einem Kamin, und es bildet sich eine Rauchsäule, innerhalb derer ein Teil des Rußes bis in die untere Schicht der Stratosphäre emporgeschleudert werden kann. Der von Wald- und Flurbränden erzeugte Rauch würde anfänglich in der unteren Troposphäre verbleiben.

Die Initial-Kernspaltung im (gewöhnlich aus Plutonium bestehenden) »Zünder« und die Reaktionen in dem (gewöhnlich aus Uran-238 bestehenden) »Mantel«, der in moderne thermonukleare Sprengsätze als zusätzlicher Sprengkraftverstärker eingebaut ist, setzen ein Hexengebräu aus radioaktiven Spalt- und Zerfallsprodukten frei, die sich ebenfalls in und mit der Pilzwolke ausbreiten. Jedes dieser Produkte oder Radioisotope hat seine eigene »Halbwertszeit« (definiert als die Zeitspanne, in der eine beliebige Anfangsmenge eines Isotops durch radioaktiven Zerfall die Hälfte ihrer ursprünglichen Strahlungsintensität verliert). Die meisten Radioisotope haben eine sehr kurze Halbwertszeit und zerfallen binnen Stunden oder Tagen. Partikel, die in die Stratosphäre hochgeschleudert werden (wie das vor allem bei der Explosion von Bomben mit hoher Sprengkraft der Fall ist), fallen sehr gemächlich wieder auf die Erde zurück − mit einer zeitlichen Verzögerung von

durchschnittlich bis zu einem Jahr. Bis dahin sind die meisten der strahlenden Spaltprodukte, selbst wenn sie zunächst in hoher Konzentration vorhanden waren, so weit zerfallen, daß sie nur noch relativ ungefährliche Reststrahlungen emittieren. Partikel dagegen, die in der Folge von Explosionen mit geringer Sprengkraft und von Feuerstürmen in die Troposphäre gelangen, kommen ziemlich schnell wieder herunter: Sie sinken infolge der Schwerkraft ab, werden von Niederschlägen und Luftströmungen mitgenommen usw., und somit kehren strahlende Partikel auf die Erdoberfläche zurück, noch ehe ihre Strahlungsintensität sich durch radioaktiven Zerfall auf ein einigermaßen ungefährliches Niveau reduziert hat. Der rasch wieder niedergehende troposphärische Staub emittiert also größere Dosen ionisierender Strahlung als der langsamer niedergehende radioaktive Staub aus der Stratosphäre.
Atomare Explosionen in der Größenordnung von mehr als einer Megatonne Sprengkraft erzeugen einen radioaktiv strahlenden Feuerball, der durch die Troposphäre in die Stratosphäre aufsteigt. Die Feuerbälle, die von Waffen mit einer Sprengkraft zwischen 100 Kilotonnen und 1 Megatonne erzeugt werden, reichen zu einem geringeren oder größeren Teil bis in die Stratosphäre hinein. Unter dem Einfluß der hohen Temperaturen, die im Innern eines atomaren Feuerballs herrschen, wandeln sich Teile des Luftstickstoffs in Stickoxide um, die

wiederum das Ozon in der mittleren Stratosphäre chemisch angreifen und zerstören. Die Ozonschicht ist es aber, die den biologisch gefährlichen ultravioletten Anteil der Sonnenstrahlung absorbiert. Die Durchlöcherung der stratosphärischen Ozonschicht, der »Ozonosphäre«, durch die Detonation hochkarätiger Atombomben hätte also eine gesteigerte Einstrahlung ultravioletten Sonnenlichts auf die Erdoberfläche zur Folge (nachdem Ruß und Staub sich gesetzt haben). Bei einem Atomkrieg, bei dem Tausende von Bomben mit hoher Sprengkraft detonieren würden, könnte die Zunahme der biologisch gefährlichen Ultraviolettstrahlung mehrere hundert Prozent betragen. In den relativ gefährlicheren kürzerwelligen Frequenzbereichen wäre die Zunahme verhältnismäßig größer. Nukleinsäuren und Eiweiße, die Grundbausteine des irdischen Lebens, sind gegenüber ultraviolettem Licht besonders empfindlich. Eine Zunahme der ultravioletten Sonneneinstrahlung an der Erdoberfläche stellte daher eine potentielle Gefahr für die davon betroffenen biologischen Systeme dar.
Diese vier Effekte — den Himmel verdunkelnde Rauchpilze in der Troposphäre und Staubpilze in der Stratosphäre, der radioaktive Niederschlag und die teilweise Zerstörung der Ozonschicht — sind unter den bisher erkannten und beschriebenen ökologischen Nachwirkungen eines Atomkriegs die folgenschwersten; es mag darüber hinaus andere geben, an die wir noch nicht gedacht

haben. Der Staub und ganz besonders der dunkle
Qualm würden einen großen Teil des normalen, gewöhnlichen Sonnenlichts verschlucken und damit bewirken, daß die Atmosphäre sich aufheizt (s. Abb. 1 b, 1 c)
und die Erdoberfläche sich abkühlt.
Auf alle diese vier Effekte sind wir in unserem jüngsten
Forschungsprojekt ausführlich eingegangen.[2] Die daraus resultierende Studie, die wir nach den Initialen der
Autoren TTAPS genannt haben, zeigt zum erstenmal
auf, daß ein Atomkrieg einen starken und länger anhaltenden Temperaturrückgang auf der Erdoberfläche
nach sich ziehen würde. (Die Studie liefert übrigens eine
Erklärung dafür, daß die Hunderte von Megatonnen,
die Amerikaner und Sowjets bis zum Inkrafttreten des
Teststop-Abkommens von 1963 bei oberirdischen
Atomwaffenversuchen in die Luft jagten, keine der im
Rahmen unserer Studie prognostizierten klimatischen
Folgeerscheinungen zeitigten: Jene Bomben wurden
nacheinander, verteilt über viele Jahre, zur Explosion
gebracht und detonierten nicht praktisch gleichzeitig;
und sie führten, da sie über Wüsten- und Tundragebieten, über Ödland oder auf Atollen gezündet wurden,
nicht zu Bränden oder gar Feuerstürmen.) Die neuen
Schlußfolgerungen sind einer eingehenden kritischen
Begutachtung unterzogen und mittlerweile ein halbes
dutzendmal durch ergänzende oder nachprüfende Berechnungen bestätigt worden. Eine von der Nationalen

Akademie der Wissenschaften der USA zur Untersuchung dieses Problems eingesetzte Sonderkommission ist zu ähnlichen Schlüssen gelangt.[8]

Es hat nunmehr den Anschein, als ob sich die klimatischen Folgewirkungen, anders als bislang vielfach angenommen, vielleicht nicht auf die mittleren Breiten der nördlichen Erdhalbkugel, wo der nukleare Schlagabtausch hauptsächlich stattfände, beschränken würden. Wir haben vielmehr plausible Gründe anzunehmen, daß die Aufheizung der riesigen Staub- und Rußwolken, die sich über den Abwurfgebieten in der nördlichen Hemisphäre bilden würden, durch das Sonnenlicht die atmosphärischen Vorgänge weltweit grundlegend verändern würde (s. Text zu Abb. 1 b und 1 c). Ein Teil der feinen, schwebenden Partikel würde binnen weniger Wochen durch Konvektionsströme nach Süden über den Äquator transportiert und so auch die südliche Hemisphäre in Dunkelheit und Kälte tauchen. (Manche Studien gehen im übrigen davon aus, daß Bomben mit insgesamt über 100 Megatonnen Sprengkraft auf Ziele in der Nähe des Äquators und auf der südlichen Erdhalbkugel abgeworfen und somit dort auch »hausgemachte« Partikelwolken erzeugen würden.[12]) In der südlichen Hemisphäre wäre es zwar sicher weniger kalt und weniger dunkel als in der nördlichen, doch könnten in der Folge dort trotzdem massive klimatische und ökologische Störungen eintreten.

Wir legten im Rahmen unserer Studie mehrere Dutzend unterschiedliche Szenarien an, die ein breites Variantenspektrum denkbarer Kriege abdeckten. Bei jedem unserer Schlüsselparameter legten wir einen großzügig bemessenen Schwankungsbereich zugrunde, um den Unsicherheiten gerecht zu werden, die bestimmten Annahmen zwangsläufig innewohnen (z.B. wenn geschätzt wird, wie viele feine Partikel bei der Detonation einer Bombe von bestimmter Sprengkraft in die Atmosphäre geschleudert werden). In Tabelle 1 sind fünf repräsentative Fälle dargestellt, angefangen von einem »kleinen«, ausschließlich mit Bomben geringer Sprengkraft vorgetragenen und auf großstädtische Ziele beschränkten Angriff, bei dem nur 0,8 Prozent des weltweit vorhandenen strategischen Arsenals zum Einsatz käme, bis zu einem massiven, unter Einsatz von 75 Prozent des globalen strategischen Arsenals geführten Schlagabtausches. Während die Variante »Normalfall« jeweils auf den wahrscheinlichsten Parameterwerten beruht, geht die Variante »schwerer Fall« jeweils von schlimmeren, aber immer noch im Rahmen des Plausiblen liegenden Schätzwerten für die einzelnen Parameter aus.

Die prognostizierten Temperaturwerte für die nördliche Erdhalbkugel (genauer gesagt: für ihre landbedeckten Teile) würden sich nach einem Atomkrieg analog den in Abb. 1 dargestellten Kurven entwickeln. Die hohe Wärmespeicherfähigkeit des Wassers gewährleistet, daß die

Meerestemperaturen höchstens um einige wenige Grad absinken würden. Infolge der ausgleichenden Wirkung der angrenzenden Meere wäre der Temperaturrückgang in Küstengebieten weniger ausgeprägt als im Innern der Festlandsmassen. Die in Abb. 1 angegebenen Temperaturen sind Durchschnittswerte für die Festlandsgebiete der nördlichen Hemisphäre.
Schon von weit geringeren Temperaturrückgängen ist bekannt, daß sie schwerwiegende Folgen nach sich ziehen können. Die Explosion des indonesischen Vulkans Tambora im Jahr 1815 brachte weltweit einen durchschnittlichen Temperaturrückgang von 1 °C, Folge der Verdunkelung des Sonnenlichts durch den in die Stratosphäre geschleuderten Feinstaub. Der darauffolgende Winter brachte so schwere Fröste, daß 1816 als »das Jahr ohne Sommer« in die europäischen und amerikanischen Annalen eingegangen ist. Ein Rückgang der Durchschnittstemperatur um 1 °C würde in Kanada den Weizenanbau weitgehend zum Erliegen bringen.[13] Die Temperaturverschiebungen, die es weltweit oder auch auf der nördlichen Erdhalbkugel in den letzten tausend Jahren gegeben hat, bewegten sich in der Größenordnung von maximal 1 °C. In einer Eiszeit findet typischerweise ein Temperaturabfall von rund 10 °C gegenüber der Ausgangssituation statt. Selbst die am wenigsten extremen unter den in Abb. 1 dargestellten Fällen weisen zeitweilige Temperaturrückgänge in dieser Grö-

ßenordnung auf. Bei dem in der ersten Zeile referierten Fall sind die Werte noch weit ungünstiger. Anders jedoch als bei einer Eiszeit, treten die weltweiten Temperaturrückgänge nach einem Atomkrieg innerhalb von Stunden und Tagen ein und verschwinden im Lauf einiger Monate (oder längstens einiger weniger Jahre) wieder, statt einige Jahrtausende anzuhalten. Es ist sehr unwahrscheinlich, daß ein »Nuklearwinter« eine neue Eiszeit einläuten würde.

Infolge der Verdunkelung der Sonne kann die Tageshelligkeit auf ein der Polarnacht entsprechendes Niveau fallen, oder auch noch tiefer. In den Abwurfgebieten der mittleren nördlichen Breiten könnte es über eine Woche lang ununterbrochen, selbst um die Mittagszeit, stockdunkel bleiben. In den Fällen 1 und 14 (Tabelle 1) fällt das Tageslichtniveau (im Durchschnitt der nördlichen Erdhalbkugel) auf ein paar Prozent der normalen Lichtstärke, d.h. es herrscht ein Zwielicht wie etwa unterhalb einer dichten, geschlossenen, tiefhängenden Wolkendecke. Bei diesem Licht vegetieren viele Pflanzen nahe ihres sogenannten Kompensationspunktes, d.h. des Lichtniveaus, das gerade noch eine für die Aufrechterhaltung eines Subsistenz-Stoffwechsels ausreichende photosynthetische Aktivität zuläßt. In Fall 17 sinkt die Helligkeit, wiederum als Durchschnittswert für die gesamte nördliche Hemisphäre berechnet, auf etwa 0,1 Prozent des normalen Tageslichts ab; auf diesem Ni-

veau kommt die Photosynthese der Pflanzen zum Erliegen. In Fall 1 und insbesondere auch in Fall 17 dauert es bis zur Rückkehr der normalen, vollen Tageshelligkeit ein Jahr oder länger (s. Abb. 1).
Wenn der Feinstaub aus den Höhen der Erdatmosphäre absinkt und sich mitsamt seiner radioaktiven Strahlung auf die Erdoberfläche niederschlägt, werden dort die Tage wieder heller, und der Boden und die Luft erwärmen sich wieder. Durch die in die Ozonschicht gebrannten Lücken dringt nunmehr ein erhöhter Anteil ultravioletten Lichts bis zur Erdoberfläche. Eine Übersicht über die zeitliche Abfolge der zahlreichen schädlichen Aus- und Folgewirkungen eines Nuklearkriegs gibt Tabelle 2. Die vielleicht unerwartetste und überraschendste Erkenntnis, die sich aus unserer Studie ergibt, besagt, daß schon ein vergleichsweise kleiner Atomkrieg verheerende klimatische Folgen nach sich ziehen kann, wenn die Angriffe sich hauptsächlich gegen Großstädte richten (s. Fall 14 in Abb. 1 – dieser Fall geht von der Annahme aus, daß in 100 größeren Städten der NATO- und Warschauer-Pakt-Länder Feuerstürme wüten). Es gibt Anhaltspunkte, die die – sehr ungefähre – Bestimmung einer Schwelle zulassen, von der an schwerwiegende klimatische Konsequenzen zu befürchten sind; diese Schwelle liegt, was die Erzeugung von Rauch und Qualm angeht, bei einigen hundert atomaren Explosionen über Großstädten, und was die Erzeugung von

Feinstaub mit oder ohne zusätzliche Feuersbrünste betrifft, bei etwa 2000 bis 3000 bodennahen Explosionen mit hoher Sprengkraft in außerstädtischem Gelände (beispielsweise bei Angriffen auf Raketensilos). Solange ein Atomkrieg unterhalb dieser Schwellen bliebe, würde die Anreicherung der Atmosphäre mit Wolken aus radioaktiv strahlendem Feinstaub kaum nennenswerte klimatische und ökologische Effekte hervorrufen. Würden diese Schwellen aber überschritten, so würden die schädlichen Folgen schlagartig zunehmen.[14]

Wie alle Berechnungen, in die so zahlreiche Variablen und so komplexe Wechselwirkungen eingehen, bergen auch die von uns angestellten Modellrechnungen gewisse Unsicherheiten. Manche Faktoren bewirken eher eine Verschärfung oder Verlängerung der Folgewirkungen, während andere sich eher mildernd auswirken.[15] In einer Hinsicht sind die hier referierten detaillierten TTAPS-Berechnungen eindimensional: Sie gehen davon aus, daß die Feinstaub- bzw. die Rauch- und Rußwolken sich vertikal bewegen, und berechnen diese Bewegungen nach den einschlägigen physikalischen Gesetzen; denkbare seitliche Bewegungen oder Ausdehnungen dagegen sind nicht berücksichtigt. Wenn Staub oder Qualm sich in irgendeine seitliche Richtung fortbewegen, bessert sich die Situation in der Ursprungszone und verschlechtert sich dafür anderswo. Feinstaub kann von Wetterströmungen über mehr oder weniger weite Strekken in andere Zonen transportiert werden, wo die Partikel dann möglicherweise schneller auf die Erdoberfläche niedergehen. Dies würde den Verdunkelungseffekt nicht nur lokal, sondern auch unter dem Strich abschwächen. Es ist gerade dieser Transportweg von den mittleren nördlichen Breiten, der die Äquartorialzone und die südliche Erdhalbkugel bei einem Atomkrieg in Mitleidenschaft ziehen würde. Eine genaue, dreidimensional angelegte Berechnung der gesamten atmosphärischen Zirkulationsvorgänge nach einem Atomkrieg wäre von Nutzen. Vorläufige Schätzungen besagen, daß die Luftbewegungen in ihrer Gesamtheit den von uns vorausberechneten Temperaturabfall in der nördlichen Hemisphäre um bis zu 30 Prozent abschwächen könnten.[2] Dies würde die klimatischen und ökologischen Folgewirkungen eines Atomkriegs etwas mildern, ohne sie freilich ihrer verheerenden Qualität zu berauben (wenn z.B. ein Temperatursturz von nur 30 °C statt von 40 °C einträte). Um ein wenig zusätzlichen Hoffnungsspielraum zu haben, wollen wir diesen potentiell entlastenden Faktor in der weiteren Erörterung außer acht lassen.

Dazu kommt, daß es Löcher in der Staub- und Rauchwolkendecke geben wird. Im Atlantischen und Pazifischen Ozean würde es im Krieg kaum bombardierbare Ziele geben. Wenn solche beweglichen »Himmelsfenster« (ein »Atlantikfenster« und ein »Pazifikfenster«) in regelmäßigen Abständen über die meisten Teile der Landmassen der nördlichen Hemisphäre hinwegwandern würden, würden die Auswirkungen der Kälte und Dunkelheit ein wenig gemildert. Freilich, Brände, die z.B. im Westen der USA und Kanadas oder in der eurasischen Taiga entstünden, würden weiterbrennen, vielleicht wochenlang, und auch neue Brände würden entstehen: verspätete Einschläge auf zeitweilig im Sichtbereich eines Wolkenlochs befindliche Ziele – zufällig oder bewußt so geplant, um eine Trefferbewertung per Beobachtungssatellit vornehmen zu können – sind denkbar. Dazu kommt, daß der Wind in unterschiedlichen Höhen verschieden stark weht, so daß ein »Fenster« von einer sich in größerer oder geringerer Höhe bewegenden Staub- oder Rauchschicht zugedeckt werden kann. Die Staubwolke, die der mexikanische Vulkan El Chichon bei seinem Ausbruch am 8. April 1982 in die Stratosphäre schleuderte, brauchte zehn Tage, um Asien, zwei Wochen, um Afrika zu erreichen und drei Wochen, um einmal die Erde zu umrunden. Sie hinterließ ein dünnes Partikelband von einer Breite, die etwa 10 Breitengraden entsprach. Wenn es statt nur einer sehr viele Entstehungsquellen von Partikelwolken gibt, werden die zunächst offen gebliebenen Fenster sich entsprechend schneller schließen. Aus diesen Gründen ist es unwahrscheinlich, daß wandernde Löcher länger als eine oder zwei Wochen offen bleiben würden oder daß

eine anfängliche Lückenhaftigkeit der Staub- und Rauchbewölkung die klimatischen Folgen nennenswert abmildern könnte.
Es gibt auch Faktoren, die die zu erwartenden Effekte tendenziell verschärfen würden: So sind wir beispielsweise in unseren Berechnungen davon ausgegangen, daß es, gleichmäßig über die ganze Troposphäre verteilt, zu einem Ausfallen der feinen Partikel mit niedergehenden Regen- oder Schneefällen kommen würde. Realistischerweise muß man jedoch davon ausgehen, daß zumindest die obere Troposphäre weitgehend trokken sein und daß es viel länger dauern könnte, bis Staub und Qualm, die bis dorthin gelangt sind, zur Erdoberfläche zurückkehren. Ein sehr schwerwiegender Effekt resultiert auch aus der drastisch veränderten Struktur der Atmosphäre, die im Gefolge der Aufheizung der Wolken und der Abkühlung der Erdoberfläche entsteht. Hierdurch entsteht in der erdnahen Atmosphäre eine Zone annähernder vertikaler Temperaturkonstanz, auf der, gleichsam als Deckel, ein massiver Wärmeschild liegt (s. Abb. 1 b u. 1 c). Das hätte zur Folge, daß überall in der Atmosphäre Feinpartikel nur sehr langsam nach unten sinken würden − ähnlich wie es heute in der Stratosphäre geschieht. Dies ist eine zweite Ursache dafür, daß die Qualm- und Staubwolken möglicherweise eine viel längere Lebensdauer haben, als von uns berechnet. Wenn dies zutrifft, könnte die Periode akuter

Dunkelheit und Kälte sich beträchtlich in die Länge ziehen, vielleicht über ein Jahr oder länger. Auch diesen potentiellen Effekt werden wir bei unseren weiteren Überlegungen vernachlässigen.
Es ließen sich weit düsterere Atomkriegs-Szenarien entwerfen, als wir sie hier präsentieren. Wenn beispielsweise Kommando- und Kontrollfunktionen zu einem sehr frühen Kriegszeitpunkt ausgeschaltet würden — sagen wir, durch eine gelungene »Enthauptung«, d.h. einen frühzeitigen Überraschungsangriff auf zivile und militärische Befehlszentren und Kommunikationsstrukturen —, dann könnte der Krieg sich, in Gang gehalten durch verzettelte und unkoordinierte Entscheidungen und Aktionen örtlicher Befehlshaber, möglicherweise noch wochenlang fortsetzen. Zumindest einige der während dieser Zeit noch zum Einsatz gebrachten Raketen könnten für Vergeltungsschläge gegen noch unzerstörte Städte des Feindes verwendet werden. Wenn über einen nach Wochen zählenden Zeitraum hinweg immer wieder neue Staub- und Qualmpilze erzeugt würden, würde dies die im Gefolge des ersten, massiven Schlagabtauschs eingetretenen klimatischen und ökologischen Effekte verschärfen, vor allem aber sie länger andauern lassen. Denkbar ist ferner auch, daß mehr Städte und Wälder in Brand geraten würden, als wir es zugrunde legen, oder daß mehr Rauch entstünde, als wir annehmen, oder daß ein größerer Teil des weltweiten Nu-

klearsenals zum Einsatz käme. Umgekehrt sind natürlich auch weniger schlimme Verläufe möglich als die, die wir durchgespielt haben.
Unsere Berechnungen haben nicht die Qualität gesicherter Voraussagen über die Gesamtheit der Auswirkungen eines Atomkriegs. Sichere Prognosen über so komplexe Abläufe sind nicht möglich. Gleichwohl lassen sich viele der von uns angestellten Überlegungen und Berechnungen noch verfeinern und verbessern, und dies geschieht auch laufend. In bezug auf die wesentlichen Grundaussagen herrscht indes allgemeine Einigkeit: Auf einen atomaren Schlagabtausch wird wahrscheinlich eine, mindestens einige Monate andauernde, Periode extremer Kälte unter einem verfinsterten, radioaktiven Himmel, und darauf wiederum, nachdem Qualm und Staub sich gesetzt haben, eine längere Periode verstärkter ultravioletter Sonneneinstrahlung auf die Erdoberfläche folgen.[16]
Wenden wir uns nunmehr den Auswirkungen dieser Phänomene auf die biologischen Systeme zu.

Biologische Folgewirkungen

Die unmittelbaren menschenbezogenen Auswirkungen einer Atombombenexplosion reichen von der restlosen Verdampfung aller menschlichen und tierischen Körper im näheren Umkreis des Hypozentrums über druckwellenbedingte Verletzungen mit oder ohne Todesfolge (durch Glassplitter, herabstürzende Zimmerdecken und Gebäude und ähnliches) bis zu Verbrennungen, Strahlungskrankheiten, Schocks und schweren psychischen Störungen. Unser Interesse gilt an dieser Stelle jedoch den mittelbaren und längerfristigen Folgen.
Es ist heute eine Tatsache, daß bei einem Brand in einem modernen Hochhaus mehr Menschen giftigen Gasen zum Opfer fallen als dem Feuer. Die vielfältigen Bau- und Isolationsmaterialien setzen bei der Verbrennung große Mengen dieser sogenannten Pyrotoxine frei, darunter Kohlenmonoxid, Zyanide, Vinylchloride, Stickstoffoxide, Ozon, Dioxine und Furanverbindungen. Bei Feuerstürmen in nordamerikanischen und westeuropäischen Städten würden wahrscheinlich größere Mengen von Pyrotoxinen entstehen als bei der Einäscherung sowjetischer Städte, ebenso bei Städten mit einem beträchtlichen Anteil jüngerer Baustubstanz mehr als bei Städten mit viel alter Bausubstanz. Bei einem Atomkrieg, in dem sehr viele Städte abbrennen würden, könnte sich ein Pyrotoxin-Smog von beträchtlichem Umfang monatelang festsetzen. Die darin liegenden Gefahren sind derzeit noch nicht quantifizierbar.

Die Pyrotoxine, die Verfinsterung des Sonnenlichts, der radioaktive Niederschlag, die nachfolgende Überflutung mit ultraviolettem Licht und allem voran die Kälte — all dies zusammen würde wahrscheinlich dem Ackerbau auf der nördlichen Erdhalbkugel fast vollständig den Garaus machen, selbst in den »milderen« Fällen 11 und 14. Ein Temperaturrückgang in der Größenordnung von 12 °C bis 15 °C würde an sich schon den Weizen- und Maisanbau in den Vereinigten Staaten selbst dann zum Erliegen bringen, wenn die gesamte Infrastruktur und die landwirtschaftlichen Produktionsmittel intakt blieben.[17] Bedenkt man die unvermeidlichen Erschütterungen der gesellschaftlichen Ordnung und die anderen eben erwähnten Umweltfolgen, dann würde vielleicht schon ein »lupenreiner« Counterforce-Angriff mit insgesamt 3000 Megatonnen (wie in Fall 11) genügen.
Realistischerweise muß man annehmen, daß selbst bei einem Angriff dieser Größenordnung viele Brände entstehen würden (siehe unten). Ein 3000-Megatonnen-Krieg würde in den USA wahrscheinlich die Getreideproduktion zumindest eines Jahres vernichten. Dies allein käme einer Weltkatastrophe nie dagewesenen Ausmaßes gleich: Nordamerika ist der wichtigste zuverlässige Nahrungsexporteur auf unserem Planeten, und die Getreideausfuhr leistet einen wesentlichen Beitrag zum Wohlstand der USA. Unter wirtschaftlichen Gesichtspunkten wäre ein Krieg unmittelbar vor Beginn der Ern-

tezeit schlimmer als einer, der erst nach dem Einfahren der Ernte ausbräche. In vielen unserer Szenarien ergeben sich Nachwirkungen, die bis ins zweite oder dritte Erntejahr hineinreichen (s. Abb. 2). Flächenbrände und eine vermehrte Bodenerosion durch Wind und Regen wären nur zwei von vielen zusätzlichen negativen Folgeerscheinungen, die nach einem Krieg noch jahrelang wirksam bleiben würden.

Etwa drei Viertel der US-amerikanischen Bevölkerung leben in oder nahe bei Großstädten. Die Lebensmittelvorräte, die in den Städten lagern, reichen durchschnittlich für rund eine Woche. Es ist denkbar, daß nach einem Atomkrieg ein genügend großer Teil der Silovorräte an Getreide übrigbleiben würde, um die überlebende Bevölkerung, wie bescheiden auch immer, zu ernähren. Allein, wenn die öffentliche Ordnung zusammenbricht, die Verkehrs-Infrastrukturen zerstört sind und die Überlebenden sich in einer eiskalten, finsteren und radioaktiv verseuchten Umwelt wiederfinden, werden die Vorräte in den Getreidesilos zum größten Teil gar nicht erschließbar sein — sehr, sehr viele Überlebende würden nach kurzer Zeit Hungers sterben.

Dazu kommt, daß infolge des Absinkens der Temperaturen unter den Gefrierpunkt vielerorts kein frisches Trinkwasser mehr zur Verfügung stünde. Der Boden würde bis in eine Tiefe von etwa einem Meter gefrieren, was, nebenbei gesagt, sehr wahrscheinlich zur Folge hät-

te, daß die Hunderte Millionen von Toten nicht begraben werden könnten, selbst wenn Behörden und Personen, die sich dieser Aufgabe annehmen könnten, vorhanden wären. Brennstoffe, mit deren Hilfe man Schnee und Eis zur Gewinnung ausreichender Wassermengen schmelzen könnte, wären vermutlich knapp, ganz abgesehen davon, daß Oberflächeneis und frischgefallener Schnee in der Regel radioaktiv verseucht wären und Pyrotoxine enthalten würden.
Die für einen gesunden Erwachsenen akut tödliche Dosis ionisierender Strahlung beträgt – im Durchschnitt und unter der Voraussetzung, daß die bestmögliche strahlenmedizinische Betreuung gewährleistet ist – zirka 450 rad. (Wie bei vielen anderen Wirkfaktoren gilt auch hier, daß Kinder, Kranke und ältere Leute weniger widerstandsfähig sind.) Wenn man die anderen schädlichen Einflüsse, denen die Überlebenden eines Atomkriegs ausgesetzt sind, und das wahrscheinliche Fehlen jeder nennenswerten medizinischen Betreuung in Rechnung stellt, so würde die durchschnittliche, akut tödliche Dosis wahrscheinlich auf 350 rad oder auf einen noch geringeren Wert sinken. In vielen unserer Szenarien ist für die von radioaktivem Niederschlag unmittelbar berührten Gebiete (die sich, von der Abwurfzone aus, oft Hunderte von Kilometern weit in Windrichtung erstrecken) eine höhere als die durchschnittliche tödliche Dosis berechnet. (Bei einem 10 000-Megatonnen-Krieg wür-

den diese Zonen mehr als 30 Prozent der Landflächen der mittleren nördlichen Breiten umfassen.) In weit vom Zielpunkt entfernten Gebieten kann verzögerter radioaktiver Niederschlag selbst noch in Fall 1 langanhaltende Strahlungsdosen von mehr als 100 rad produzieren. Die akute Strahlenbelastung durch den prompten radioaktiven Niederschlag, die aus dem verschleppten Niederschlag resultierenden chronischen Strahlungsdosen und die dem Organismus mit der Nahrung und mit dem Trinkwasser zugeführten Dosen addieren sich zu einer Belastung, die vermutlich zu vielen weiteren Todesfällen infolge von Strahlenkrankheit führen würde. Infolge akuter Knochenmarksschädigungen käme es bei den Überlebenden zu einer stark erhöhten Anfälligkeit für Infektionskrankheiten. Die meisten Neugeborenen, die während der beiden ersten Drittel ihres intrauterinen Lebens einer Strahlungsdosis von 100 rad ausgesetzt werden, kommen geistig behindert und/oder mit anderen schweren Geburtsfehlern zur Welt. Radioaktive Strahlung und auch manche Pyrotoxine rufen neoplastische Erkrankungen und genetische Folgeschäden hervor. Außer Menschen würden auch Nutztiere, die von der Verschlechterung der Lebensbedingungen und von der Verknappung der Nahrung als erste betroffen wären und auch in vielerlei anderer Hinsicht empfindlicher auf die Belastungen eines Atomkriegs reagieren würden, in großen Mengen verenden.

Diese verheerenden Auswirkungen für die Menschen und für die Landwirtschaft würden sich nicht auf die Zonen beschränken, in denen der eigentliche Krieg stattfände, sondern würden sich über die gesamten mittleren nördlichen Breiten sowie vermutlich auch, in geringerer, aber immer noch beträchtlicher Folgenschwere, bis in die Tropen und in die südliche Hemisphäre hinein erstrecken. Das Gros des Weltgetreideanbaus konzentriert sich auf die mittleren nördlichen Breiten. Viele unterentwickelte und auch viele entwickelte Länder sind auf Nahrungsmitteleinfuhren angewiesen. Japan zum Beispiel importiert 75 Prozent seiner Nahrungsmittel (und 99 Prozent seiner Kraft- und Brennstoffe). Somit würden, selbst wenn die Tropen und die südliche Hemisphäre nicht von radioaktiver Strahlung und klimatischen Folgewirkungen heimgesucht würden, in diesen Ländern, von denen viele schon heute Probleme mit der Ernährung ihrer Bevölkerung haben, viele Menschen verhungern.

Nach dem Zusammenbruch des größten Teils der landwirtschaftlichen Produktion auf der Erde (zu den möglichen Ausnahmen könnten Argentinien, Australien und Südafrika gehören, falls die klimatischen Folgewirkungen für die südliche Erdhalbkugel sich als minimal erwiesen) werden die Menschen in erhöhtem Maß auf die Früchte ihrer natürlichen Flora zurückgreifen — auf Obst, Knollen, Wurzeln, Nüsse usw. Aber auch diese

Wildfrüchte werden von den Auswirkungen des Krieges betroffen sein. Genau in dem Augenblick, in dem die überlebenden Menschen zur Erhaltung ihres nackten Lebens auf die Produkte ihrer natürlichen Umwelt zurückgreifen würden, würde sich in und mit dieser Umwelt eine verheerende Katastrophe vollziehen, wie sie in der jüngeren Erdgeschichte ohne Beispiel ist.
Zwei Drittel aller Pflanzenarten, Tierarten und Mikroorganismen der Erde leben in dem Streifen zwischen dem 25. Grad nördlicher und dem 25. Grad südlicher Breite. Da es in diesen tropischen Breiten nur minimale jahreszeitliche Temperaturschwankungen gibt, sind die dort lebenden Arten besonders empfindlich gegen abrupte Temperaturstürze. Eine Analyse jener kritischen Phasen der Erdgeschichte, in denen schlagartig zahlreiche Tier- und Pflanzenarten ausstarben, zeigt, daß tropische Organismen in dieser Beziehung verwundbarer sind als die Flora und Fauna der gemäßigteren Zonen. Allein die kriegsbedingte Dunkelheit kann die meeresbiologische Nahrungskette zerreißen, in der das Phytoplankton vom Sonnenlicht lebt, das Zooplankton vom Phytoplankton, die kleinen Fische vom Zooplankton, die großen Fische von den kleinen und, gelegentlich, die Menschen von den großen Fischen. Viele Atomkriegs-Szenarien sehen ein Abreißen dieser Nahrungskette an ihrem ersten Glied für die Dauer von mindestens einem Jahr vor, wobei die Gefährdung für die Lebewesen der

tropischen Gewässer besonders hoch ist. Die vermehrte Einstrahlung ultravioletten Lichts auf die Erdoberfläche, die ungefähr ein Jahr nach dem atomaren Schlagabtausch eintritt, stellt eine zusätzliche Umweltbelastung dar, die nach Ansicht von Experten für sich allein »tiefgreifende Auswirkungen« auf das Leben zu Wasser und zu Lande zeitigen wird.[18]
Das Ökosystem der Erde läßt sich mit einem komplexen gemusterten Gewebe vergleichen, dessen Einzelfäden von den Millionen eigenständiger Tier- und Pflanzenarten beigesteuert werden, die unseren Planeten bewohnen und in Stoffwechselbeziehung zu Luft, Wasser und/oder Erde stehen. Das System hat eine beträchtliche Elastizität entwickelt, so daß das Herausziehen eines einzelnen Fadens die Stabilität des Gewebes als Ganzen normalerweise nicht gefährdet. Die meisten »gewöhnlichen« Belastungen, denen die Biosphäre ausgesetzt wird, ziehen daher keine katastrophalen Folgen nach sich. Man kann beispielsweise annehmen, daß die irdischen Organismen in einer erdgeschichtlich recht jungen Vergangenheit aufgrund geringfügiger naturbedingter Änderungen im Ozongehalt der Stratosphäre periodische Schwankungen am ultravioletten Ende des Sonnenlichtspektrums in der Größenordnung von 10 Prozent erlebt haben (nicht aber eine Vermehrung des Ultraviolett-Anteils um einen Faktor von zwei oder mehr). Temperaturänderungen des in unseren Szenarien beschrie-

benen Ausmaßes dürften aber seit Jahrtausenden, ja möglicherweise seit Dutzenden von Millionen Jahren nicht mehr vorgekommen sein. Wir haben keine experimentellen Daten, nicht einmal aus Laborversuchen, über die in der TTAPS-Studie vorhergesagten kumulativen Auswirkungen von Kälte, Dunkelheit, Pyrotoxin- und radioaktiver Strahlenbelastung sowie vermehrter Ultravioletteinstrahlung auf das Ökosystem der Erde.[19]
Jeder dieser Faktoren würde für sich allein tiefgreifende Auswirkungen zeitigen; die Vermutung liegt nahe, daß sie im Zusammenwirken noch weit schlimmere Schäden anrichten könnten. Äußerst besorgniserregend ist die nicht auszuschließende Möglichkeit, daß es zu heute noch nicht voll erkannten oder noch ganz und gar ungeahnten Synergismen käme (d.h. zu Wechselwirkungen zwischen zwei oder mehr Schadfaktoren, derart, daß der resultierende Schaden größer ist als die Summe der Schäden, die die einzelnen Faktoren für sich genommen anrichten würden). Um dies an einem Beispiel zu veranschaulichen:
Für den Fall eines umfassenden atomaren Schlagabtauschs ist davon auszugehen, daß in den dichtbevölkerten Gebieten der mittleren nördlichen Breiten alle Pflanzen, Tiere und ungeschützten Menschen Strahlungsdosen von mehr als 100 rad, möglicherweise auch von mehr als 200 rad abbekommen (aus äußeren Strah-

lungsquellen und aus der Einnahme kontaminierter Nahrung). Nachdem Qualm- und Staubpilze sich verzogen bzw. gesetzt haben, kann es, wiederum einen Krieg der genannten Größenordnung vorausgesetzt, zu einer 200- bis 400prozentigen Zunahme des Ultraviolettanteils des die Erdoberfläche erreichenden Sonnenlichts kommen (die zum weitaus größeren Teil auf das Konto der gefährlicheren kürzerwelligen Ultraviolettanteile gehen würde).
Im Zusammenwirken führen diese Strahlungseinflüsse sehr wahrscheinlich zum Zusammenbruch des Immunsystems bei Menschen und Tieren und damit zu einer größeren Krankheitsanfälligkeit. Unter dem Einfluß des erhöhten Strahlungsniveaus könnten zugleich, mutationsbedingt, neuartige Mikroorganismen entstehen, von denen einige sich als Krankheitserreger entpuppen könnten. Die vergleichsweise höhere Strahlungsempfindlichkeit von Vögeln und anderen Insektenvertilgern würde zu einer starken Vermehrung pflanzenfressender und krankheitsübertragender Insekten führen. Von Erregern mit hoher Widerstandsfähigkeit gegen Strahlung übertragen, könnten Krankheiten sich zu epidemischen, sich über die ganze Erde verbreitenden Seuchen auswachsen, ohne daß eine Hoffnung auf wirksame Abhilfe durch medizinische Betreuung bestünde. Auch Tiere und Pflanzen wären, geschwächt von den niedrigen Temperaturen und der anhaltenden Dunkelheit, anfällig

für Infektionen durch altbekannte und neuartige Krankheitserreger.
Es sind noch viele andere synergetische Wechselwirkungen denkbar, die dank der Komplexität des irdischen Ökosystems allesamt noch wenig erforscht, ja noch kaum erkannt sind. Jeder dieser Synergismen stellt eine zusätzliche Gefährdung unbekannten Ausmaßes für das Ökosystem der Erde und damit für die Lebensgrundlage der Menschen dar. Wie die Welt nach einem Atomkrieg aussehen würde, hängt teilweise von den noch unbekannten synergetischen Wechselwirkungen zwischen den einzelnen Folgewirkungen ab (siehe Tab. 2).
Wir wissen nicht und können nicht wissen, ob sich nach einem Atomkrieg alles zum Schlimmsten wenden würde – vielleicht würde dieser oder jener heute noch nicht erkannte mildernde oder ausgleichende Faktor zur Wirkung kommen, oder eine unvorhersehbare Gnade des Schicksals würde uns zuteil. Dagegen spricht freilich, daß in der Vergangenheit diejenigen Folgeerscheinungen einer nuklearen Explosion, die man in der wissenschaftlichen Vorausbewertung übersehen hatte, fast ausnahmslos auf der Negativseite zu Buche schlugen. Allein, wenn es um eine unentscheidbare Frage von solcher Tragweite geht, sollte man klugerweise mit dem Schlimmsten rechnen, erst recht, wenn Anhaltspunkte vorliegen, die das Eintreten des schlimmsten Falls nicht als ganz und gar unwahrscheinlich erscheinen lassen.

Das Resümee aus den Erkenntnissen jener 40 Biologen, die im April 1983 zusammenkamen, um die TTAPS-Schlußfolgerungen im Lichte ihres Fachwissens zu überprüfen und zu bewerten, verdient es, aufmerksam gelesen zu werden:[3]

»Das Aussterben ganzer Arten kann erwartet werden bei den meisten tropischen Pflanzen und Tieren, bei den meisten landlebenden Wirbeltieren der nördlichen gemäßigten Zonen, bei einer großen Zahl von Pflanzen, bei zahlreichen Süßwasser- und manchen Meereslebewesen . . . Ob unter den Bedingungen einer einschneidend veränderten Artenzusammensetzung, ungewohnter Klimaverhältnisse, hoher Strahlenbelastung, schwer angeschlagener landwirtschaftlicher, gesellschaftlicher und wirtschaftlicher Strukturen, einer außerordentlichen psychischen Streßbelastung und eines Wusts weiterer Probleme eine langfristige Überlebenschance auch nur für einen Teil der Menschheit bestünde, ist eine offene Frage. Unstrittig ist, daß allein die Folgen für das Ökosystem der Erde, die sich aus einem mit voller Kraft geführten Atomkrieg ergäben, schon genügen würden, um der heutigen Zivilisation, zumindest in der nördlichen Hemisphäre, den Garaus zu machen. Dazu kommt, daß das hier zugrunde gelegte Szenario keineswegs das Schlimmste ist, das man sich angesichts des heute weltweit angehäuften nuklearen Arsenals, das in naher Zukunft noch aufgestockt werden soll, vorstellen kann. Bei nahezu jedem realistischerweise anzunehmenden Verlauf eines atomaren Schlagabtauschs zwischen den Supermächten wären weltweit umweltbezogene Veränderungen eines Ausmaßes zu erwarten, das hinreichen würde, einen ähnlich großen oder noch größeren Artenschwund zu verursachen, wie er am Ende der Kreidezeit eintrat [als die Dinosaurier und viele andere Arten ausstarben]. Für diesen Fall läßt sich die Möglichkeit, daß der Homo sapiens vom Antlitz der Erde verschwindet, nicht ausschließen.«

Implikationen für Strategie und Politik

Aus den genannten, für bestimmte Atomkriegsverläufe als wahrscheinlich erachteten Folgewirkungen ergeben sich Konsequenzen für Kriegsplanung und Politik. Manche Wissenschaftler haben die Auffassung vertreten, daß zwischen einem Atomkrieg, der mehrere hundert Millionen Opfer fordern würde (was bis vor kurzem als vernünftigerweise anzunehmende Obergrenze galt), und einem Krieg, der zum restlosen Aussterben der Menschheit führen würde (was neuerdings möglich scheint), lediglich *eine* Eskalationsstufe liegt. Meiner Ansicht nach liegt erheblich mehr dazwischen. Wenn wir unser Augenmerk nur auf die Zahl derjenigen richten, die im Gefolge des Krieges sterben würden, so erfassen wir damit nicht die ganze Tragweite des Geschehens.

Wenn wir den durch das mögliche Aussterben der Menschheit entstehenden Verlust beziffern müßten, hielte ich es für richtig, die Menschen späterer Generationen, die in diesem Fall nicht geboren würden, mit einzubeziehen. Selbst wenn wir eine nicht mehr weiterwachsende Weltbevölkerung voraussetzen, müssen wir uns, wenn wir von der typischen Zeitspanne für die biologische Evolution einer überlebenstüchtigen Spezies ausgehen, die rund zehn Millionen Jahre beträgt, darüber klar sein, daß nach uns noch mindestens 500 Billionen Menschen kommen werden. An diesem Kriterium gemessen, wäre der Verlust bei einer Ausrottung der

Menschheit eine Million mal größer als bei der Vernichtung von »nur« einigen hundert Millionen Menschen in einem auf etwas kleinerer Flamme geführten Atomkrieg.

Es sind viele andere Kriterien denkbar, an denen man den potentiellen Verlust messen könnte – Kultur und Wissenschaft, die Evolutionsgeschichte unseres Planeten, die Leistungen und das Vermächtnis aller unserer Vorfahren, die den nach ihnen kommenden Generationen den Weg gewiesen haben. Die Ausrottung der Menschheit wäre gleichbedeutend mit dem Herausreißen des aufregendsten Kapitels aus dem Buch der Evolution.

Jeder Atomkrieg birgt eine Gefährdung für alle unsere Nachkommen in sich, solange es Menschen auf der Erde geben wird. Die neuen Erkenntnisse über die Wahrscheinlichkeit einer Klimakatastrophe im Gefolge eines Atomkriegs lassen mir die Gefahren um vieles größer erscheinen. Ich weiß allerdings sehr wohl, daß es Leute gibt, darunter auch manche Politiker, die der Ansicht sind, daß die möglicherweise wesentlich höher anzusetzenden Menschenverluste kein nennenswertes politisches Umdenken bewirken werden, die andererseits freilich einräumen, daß die neuen Einsichten in die Folgen eines Atomkriegs möglicherweise Änderungen in einzelnen Teilen der strategischen Gesamtkonzeption notwendig machen.

Ich möchte hier einige der in meinen Augen naheliegenden Implikationen dieser Art, ausgehend vom gegenwärtigen Niveau des atomaren Arsenals, darlegen. Der Gedanke einer irgendwo zwischen dem Abwurf von 500 und dem von 2000 Sprengköpfen liegenden Schwelle, jenseits derer die Klimakatastrophe ausgelöst wird, spielt in einigen meiner Erwägungen eine zentrale Rolle. (In dieser Form existiert eine solche Schwelle nur, solange das innerhalb des derzeitigen nuklearen Arsenals obwaltende Mischungsverhältnis zwischen Waffen hoher, mittlerer und geringerer Sprengkraft in etwa gleich bleibt. Eine konsequente Abkehr von der bisherigen Konzeption zugunsten eines starken Übergewichts von Waffen mit sehr geringer Sprengkraft würde in Teilbereichen ein drastisch verändertes Bild ergeben – siehe dazu weiter unten.) Ich hoffe, daß andere diese vorläufigen Erwägungen konstruktiv prüfen und versuchen werden, weitere Implikationen der TTAPS-Erkenntnisse aufzuspüren.

1. Erstschlag

Die Ausstattung der Raketen mit Mehrfachsprengköpfen, die Verbesserung der Zielgenauigkeit und andere Entwicklungen haben die Versuchung, einen verheerenden Erstschlag gegen Ziele zu Lande zu führen, erhöht

– trotz der Tatsache, daß beide Seiten in Gestalt ihrer Bomberflotte (von der ständig ein Teil in der Luft ist) und ihrer auf See kreuzenden U-Boote über ein mächtiges Vergeltungspotential verfügen. Viele Besorgnisse und Diskussionen kreisen seit einiger Zeit um die Frage der Erstschlagfähigkeit existierender oder konzipierter Waffensysteme. Die bloße Fähigkeit zum Erstschlag schafft einen Anreiz für einen Präventivschlag der anderen Seite. Die automatische Auslösung eines Gegenschlags im Alarmfall und das simultane Abfeuern aller strategischen Waffen sind nur zwei unter mehreren fatalen und destabilisierenden neuen konzeptionellen Antworten auf die Gefahr eines Erstschlags.

Die USA verfügen über rund 1050 landgestützte strategische Atomraketen, die Sowjetunion über rund 1400. Jede Seite hat ferner mindestens mehrere Dutzend ausgewiesene und alternative Stützpunkte und Startbahnen für strategische Bomber. Dazu kommen Kommando- und Kontrolleinrichtungen, U-Boot-Häfen und andere erstrangige strategische Ziele an Land. Jedes Ziel muß, wenn man eine hohe Zerstörungswahrscheinlichkeit erreichen will, mit zwei oder vielleicht drei Sprengköpfen abgedeckt werden. Ein erfolgversprechender Erstschlag gegen Ziele auf dem Land setzt also den koordinierten Einsatz von mindestens 2200 bis maximal 4500 Sprengköpfen voraus. Einige davon würden – zum Beispiel um feindliche Bomber zu zerstören, die gerade noch kurz vor Eintreffen der für ihre Stützpunkte bestimmten Sprengköpfe aufsteigen – in mehr oder weniger großer Höhe detonieren. Während in den USA viele Raketensilos von Ackerland und Savannengelände umgeben sind, gibt es, besonders in Europa und Asien, viele strategische Ziele, die nahe genug bei Wäldern oder großstädtischen Ballungszentren liegen, so daß Großbrände entstehen können, selbst bei einem »reinen« Counterforce-Angriff. Aus den genannten Zahlen wird auch deutlich, daß bei einem größeren Erstschlag die Schwelle zur Klimakatastrophe annähernd erreicht und möglicherweise sogar klar überschritten würde.

Es ist im übrigen unwahrscheinlich, daß mit einem Counterforce-Erstschlag ein hundertprozentiger Erfolg erzielt wird. 10 bis 40 Prozent der Raketensilos des Feindes und die meisten seiner in der Luft befindlichen bzw. auf hoher See operierenden Bomber und U-Boote werden mit einiger Sicherheit überleben, und wenn er zurückschlägt, dann wird er sich vielleicht nicht auf Silos konzentrieren, sondern auf Großstädte. 10 Prozent von einem 5000 Sprengköpfe umfassenden strategischen Arsenal, das ergibt 500 Sprengköpfe – gleichmäßig auf die Großstädte des Gegners verteilt, würde dieses Restpotential wohl ausreichen, um allein eine größere Klimakatastrophe heraufzubeschwören.

Ein Erstschlags-Szenario, bei dem das Risiko für den Angreifer von der nicht vorausberechenbaren Reaktion des Angegriffenen abhängt, ist offenbar ein zweischneidiges Schwert. (Der Angreifer kann immerhin hoffen, daß seine zurückbehaltene Zweitschlag-Kapazität, bestehend vor allem aus strategischen U-Booten und in Reserve gehaltenen landgestützten Raketen, dem Gegner so viel Angst einjagt, daß er lieber kapituliert, als zu einem Gegenschlag auszuholen.) Wenn aber Erkenntnisse vorliegen, aus denen hervorgeht, daß ein Erstschlag für den ihn Führenden gleichbedeutend wäre mit nationalem Selbstmord, selbst wenn der Angegriffene keinen Finger rühren würde, dann liegen die Dinge doch ganz anders. Wenn mit einem erfolgreichen Erstschlag nicht mehr zu erringen ist als ein Pyrrhussieg von etwa zehntägiger Dauer, bis Wind und Wetter den Nuklearwinter auch ins Land des Angreifers tragen, so dürfte dies die »Attraktivität« der Erstschlags-Option erheblich vermindern.

Ein Weltuntergangsmechanismus[20] hat nicht den geringsten Abschreckungswert, wenn der potentielle Gegner nichts von seiner Existenz ahnt. Da aber in den zurückliegenden Jahren viele namhafte Wissenschaftler aus Ost und West engagiert an den Forschungen und Diskussionen über die klimatisch-ökologischen Folgewirkungen eines Atomkriegs mitgewirkt haben und dabei offenbar im wesentlichen zu gleichen Schlüssen gelangt sind, und da die politisch Verantwortlichen zweifellos über die dabei gewonnenen Erkenntnisse informiert werden, können wir wohl sagen, daß eine Entscheidung der einen oder der anderen Seite, einen umfassenden Erstschlag zu führen, heute weit weniger rational ist als je zuvor, und damit — vielleicht — auch weniger wahrscheinlich. (Diese Annahme wird um so begründeter sein, je gründlicher die Politiker sich mit den wissenschaftlichen Erkenntnissen zum Nuklearwinter vertraut machen.) Wenn dies so ist, dann müßten daraus einschneidende Konsequenzen in bezug auf bestimmte Waffensysteme gezogen werden.

Das Gefühl der Verwundbarkeit durch einen Erstschlag hat in der Vergangenheit auf beiden Seiten viel Streß und Angst erzeugt und wirkte somit als treibende Kraft beim atomaren Rüstungswettlauf. Die Gewißheit, daß ein Erstschlag immer unwahrscheinlicher wird, könnte dazu beitragen, das giftige Klima des Mißtrauens abzubauen, das derzeit das Verhältnis zwischen den Vereinigten Staaten und der Sowjetunion bestimmt.

2. Atomkrieg unterhalb der Schwelle zur Klimakatastrophe

Es sind Atomkriege verheerenden Ausmaßes denkbar, die aber gleichwohl deutlich unterhalb der Schwelle bleiben, von der an mit gravierenden klimatischen Konsequenzen zu rechnen ist; man könnte sich beispielswei-

se einen Präventivschlag denken, bei dem zehn oder zwanzig Großstädte ausgelöscht oder hundert Silos eines besonders destabilisierenden Raketensystems zerstört würden. Sind Bedingungen vorstellbar, unter denen dieser oder jener Staat sich versucht sehen könnte, einen solchen oder auch einen wesentlich umfangreicheren, aber immer noch mit Sicherheit unter jener Schwelle bleibenden Krieg anzufangen? Der Angreifer könnte sich dabei von der Hoffnung leiten lassen, der Angegriffene werde aus Angst davor, die Schwelle zu überschreiten, vor einem Vergeltungsschlag zurückschrecken. Es verhält sich damit nicht viel anders als mit der Hoffnung, nach einem Counterforce-Erstschlag deshalb von einem Gegenangriff verschont zu bleiben, weil man über eine unverwundbare (beispielsweise U-Boot-gestützte) Zweitschlagkapazität verfügt, die dem Gegner noch einmal unermeßlichen Schaden zufügen könnte und ihn dazu veranlaßt, von einem Gegenschlag abzusehen. Beide Überlegungen kranken am selben Problem — der völligen Ungewißheit über die mögliche Reaktion der anderen Seite.
Die strategischen Waffensysteme der USA bzw. der Sowjetunion könnten, selbst wenn sie allesamt unbeweglich an bekannten Standorten stationiert wären, mit einem Angriff, der zuverlässig unterhalb der Schwelle zur Klimakatastrophe bliebe, keinesfalls ausgeschaltet werden: Dazu ist die Zahl der erstrangigen Ziele einfach zu

groß. Ein unterhalb der Schwelle zur Klimakatastrophe bleibender Erstschlag würde also einerseits die angegriffene Seite machtvoll provozieren und ihr andererseits einen beträchtlichen Teil ihrer Vergeltungskapazität belassen. Man kann sich unschwer vorstellen, daß ein Staat, der mit der Möglichkeit rechnet, zur Zielscheibe eines »unterschwelligen« (d. h. in diesem Zusammenhang: unterhalb der Schwelle zur Klimakatastrophe bleibenden) Erstschlags zu werden, Vorkehrungen für einen adäquaten Gegenschlag trifft, schon weil er sich ausrechnet, daß ein Unterlassen solcher Vorkehrungen die andere Seite zum Angriff einladen würde. Der Vergeltungsschlag könnte postwendend geführt werden und sich gegen einige erstrangige Großstädte richten – wenn bei den dafür Verantwortlichen Besonnenheit walten würde und die Kommando- und Kontrollstrukturen intakt wären; er könnte aber auch, in weitaus massiverer Form, Monate später erfolgen, nachdem die Staub- und Rauchpilze sich zum größten Teil gesetzt haben; das würde bedeuten, daß die klimatischen Folgewirkungen länger anhalten, aber insgesamt weniger Verheerung anrichten würden.

Diese Überlegungen treffen allerdings womöglich auf Staaten wie Großbritannien, Frankreich oder China nicht zu. Das enge Nebeneinander strategischer Ziele und großstädtischer Ballungszentren, wie es für Europa charakteristisch ist, hat möglicherweise zur Folge, daß die Schwelle zur Klimakatastrophe bei Angriffen auf europäische Länder wesentlich niedriger liegt als bei Angriffen auf die USA oder die Sowjetunion. Gleichwohl ist ein Erstschlag gegen sämtliche unbeweglich stationierten strategischen Waffensysteme eines dieser Staaten ohne Auslösung der Klimakatastrophe im Prinzip denkbar (unter der Voraussetzung, daß ein solcher Angriff nicht den Anstoß zu einem atomaren Schlagabtausch zwischen den Supermächten gäbe). Allein, die Tatsache, daß diese Staaten über ein unverwundbares Vergeltungspotential verfügen – Großbritannien und Frankreich vor allem in Gestalt ihrer mit ballistischen Raketen bestückten U-Boote –, macht einen solchen Erstschlag unwahrscheinlich.

3. Vertragliche Beschränkungen der Sprengkraft und der Angriffsziele

Ich würde diesen Aspekt nicht berühren, wäre er nicht von einem führenden amerikanischen Nuklearstrategen öffentlich zur Sprache gebracht worden. Sein Vorschlag besteht aus zwei Teilen. Der erste sieht ein vertragliches Verbot aller atomaren Sprengköpfe mit einer Sprengkraft von mehr als 300 oder 400 Kilotonnen vor. Der Feuerball, den eine Bombe mit höherer Sprengkraft erzeugt, reicht weit in die Stratosphäre hinauf und reißt

Lücken in die Ozonschicht. Der Übergang zu Atomsprengköpfen mit geringerer individueller Sprengkraft würde die Gefahr einer beträchtlich verstärkten ultravioletten Einstrahlung auf die Erdoberfläche verringern (wenn auch nicht beseitigen), würde aber ansonsten im Hinblick auf die Klimakatastrophe nichts bewirken außer einer Verstärkung des mittelfristigen radioaktiven Niederschlags. Das gegenwärtige strategische Arsenal erlaubt keine Mischung der Sprengkräfte, die so beschaffen wäre, daß sie gleichzeitig die ionisierende Strahlung aus radioaktivem Niederschlag und die ultraviolette Strahlung von der Sonne minimieren würde. Im gleichen Maße, wie sich die Zielgenauigkeit der Trägersysteme verbessert, ist man dazu übergegangen, die einzelnen Raketen mit Bomben geringerer Sprengkraft zu bestücken – freilich nicht etwa aus Sorge um den Fortbestand der atmosphärischen Ozonschicht. Es gibt auch eine Entwicklung hin zu einem höheren Ausstoß von Spaltprodukten, was ein Mehr an radioaktivem Niederschlag bedeutet. Die Festlegung von Höchstwerten für die Größe (und damit in gewissem Grad auch die Sprengkraft) neuer atomarer Sprengköpfe ist einer der in den jüngsten amerikanischen Rüstungskontrollvorschlägen enthaltenen Punkte. Da die Hauptmasse der sowjetischen strategischen Atomwaffen mit größeren und stärkeren Sprengköpfen bestückt ist als das Gros des amerikanischen Arsenals, würden Verträge, die die

Sprengkraft begrenzen, der Sowjetunion de facto größere Zugeständnisse abverlangen als den USA. Darüber hinaus scheint es, als würde eine kategorische Sprengkraft-Obergrenze größere Verifizierungs- und Kontrollprobleme aufwerfen.
Der zweite Teil des Vorschlags zielt darauf ab, daß die Atommächte sich vertraglich verpflichten sollen, Großstädte nicht anzugreifen. Damit könnte den schlimmsten klimatischen Folgewirkungen vorgebeugt werden, wenngleich auch ein »reiner« Counterforce-Schlagabtausch äußerst schwerwiegende klimatische Konsequenzen nach sich ziehen kann (siehe Abb. 2). Freilich: Die Zielkoordinaten für die Trägersysteme werden im wesentlichen von zentralen Kommandobunkern aus über Fernbedienung eingegeben, und zwar individuell für jeden Sprengkopf. Selbst wenn man sich vorstellen könnte, daß internationale Inspektionsteams unangemeldet in sowjetischen oder amerikanischen Raketensilos auftauchen würden, um die Zielkoordinaten zu überprüfen — eine Stunde nach einem solchen Kontrollbesuch könnten die Sprengköpfe wieder auf Großstädte umprogrammiert werden. Die Zielfestlegung gehört zu den am sorgfältigsten gehüteten strategischen Geheimnissen des Atomzeitalters; den Gegner über die den eigenen Waffensystemen einprogrammierten Ziele im unklaren zu lassen, gilt als wichtiges Element der Abschreckungslogik. Daß der Vorschlag bei den für die Zielplanung

verantwortlichen Generalstäblern der USA oder der Sowjetunion auf Gegenliebe stößt, ist sehr unwahrscheinlich. Es ist auch schwer vorstellbar, daß diejenigen, die hinsichtlich der Kontrollierbarkeit der SALT-II-Bestimmungen über die Stationierung von Raketen mit einer Länge von 10 Metern starke Zweifel hegten, heute Verträge akzeptieren würden, deren Einhaltung nur anhand der Kodierung von Mikrochips mit einer Länge von 1 Millimeter kontrolliert werden könnte. Nichtsdestoweniger könnte ein symbolischer, nicht verifizierbarer Vertrag über den Ausschluß bestimmter Ziele, der der Einsicht beider Seiten entspränge, daß die Zerstörung von Großstädten nicht in ihrem Interesse liegt, einiges für sich haben.

4. Übergang zu zielgenauen Waffensystemen geringerer Sprengkraft

Eine vorstellbare Antwort auf die Aussicht, eine Klimakatastrophe auszulösen, könnte in einer Fortsetzung des Trends hin zu Waffensystemen mit geringerer Sprengkraft und höherer Zielgenauigkeit bestehen, ergänzt vielleicht durch die Entwicklung einer Technik, die es möglich macht, daß Sprengköpfe sich in die Erde hineinwühlen, bevor sie detonieren. Für die Raketen vom Typ Pershing 2 sind bereits Sprengköpfe entwickelt worden, die durch radar- und computergestützten Geländevergleich ihr Ziel erkennen und selbständig ansteuern können; es heißt, daß die durchschnittlich zu erwartende Zielabweichung damit auf 40 Meter gesenkt werden kann.[21] Alles deutet darauf hin, daß die technischen Voraussetzungen dafür, Interkontinentalraketen auf 30 oder 40 Meter genau ins Ziel zu bringen, derzeit geschaffen werden. Alles deutet auch darauf hin, daß die Entwicklung von sich selbst in die Erde wühlenden Sprengköpfen, die »Maulwurf-Technik«, wie man sie nennen könnte, zügig vorangeht.[21] Die Detonation einer 1-Kilotonnen-Bombe 2 bis 3 Meter unter der Erdoberfläche würde einen Krater von rund 60 Metern Durchmesser reißen.[4] Es ist offenkundig, daß »Maulwurf-Sprengköpfe« im 1- bis 10-Kilotonnen-Bereich, wenn sie mit der oben angegebenen Genauigkeit ins Ziel treffen würden, selbst stark gehärtete Silos und unterirdische Kommandozentralen mit hoher Zuverlässigkeit zerstören könnten. Unterirdische Explosionen in dieser Größenordnung stellen keine Gefahr für die Ozonschicht dar. Was sie an Feuer, Qualm, Staub in der Stratosphäre und an radioaktivem Niederschlag produzieren, ist vergleichsweise minimal. Selbst wenn mehrere tausend Bomben dieser Sprengkraft gleichzeitig detonieren würden, müßte dies nicht unbedingt einen Nuklearwinter heraufbeschwören. Nach dem gleichen Prinzip könnten auch »chirurgische« Angriffe auf militärische

und/oder industrielle Ziele in großstädtischen Ballungsräumen vorgetragen werden. Die TTAPS-Erkenntnisse werden somit wahrscheinlich den Ruf nach weiteren Verbesserungen der Zielgenauigkeit und der »Maulwurf-Technik« laut werden lassen.
Meiner Ansicht nach wirft dieses Konzept, so attraktiv es aus rein militärischer Sicht auch anmuten mag, eine Reihe von Problemen auf. Gewiß wäre eine Welt, deren atomare Arsenale vollständig auf eine kleine Zahl von Sprengköpfen mit Maulwurftechnik und geringer Sprengkraft umgerüstet wären, wesentlich sicherer vor einer Klimakatastrophe. Allein, solche Sprengköpfe wären eine Provokation ersten Ranges. Sie wären ideale Erstschlagwaffen. Ihre Entwicklung könnte von der jeweils anderen Seite als Indiz für die Absicht gewertet werden, einen klimatisch-ökologisch unbedenklichen, aber entwaffnenden Erstschlag zu führen. Eine stark forcierte Aufstellung von Anti-Raketen-Waffen könnte eine mögliche Reaktion auf den Aufbau eines solchen Arsenals sein. Ein Vergeltungsschlag mit Hilfe der verschont gebliebenen landgestützten, der bombergestützten und insbesondere der U-Boot-gestützten Systeme wäre in jedem Fall zu erwarten, gleich, nach welchem Sprengkraftkonzept der vorausgegangene Erstschlag geführt worden wäre. Im übrigen könnte eine Umrüstung der beschriebenen Art nicht schlagartig erfolgen; es ergäbe sich in jedem Fall eine längere, gefährliche Über-

gangsperiode, in der einerseits genügend neue Waffensysteme in Stellung gebracht wären, um einen destabilisierenden Effekt hervorzurufen, und andererseits noch genügend ältere Systeme einsatzbereit, um im Ernstfall den Nuklearwinter heraufzubeschwören.

Falls allerdings die Vorräte an modernen Sprengköpfen mit höherer Sprengkraft (über 10 Kilotonnen) auf ein unterschwelliges Niveau (im Sinne der Klimakatastrophe) reduziert würden, könnte eine koordinierte Aufstellung von »Maulwürfen« geringerer Sprengkraft vielleicht mit geringerem Risiko bewerkstelligt werden. Auf viele einzelne, jeweils mit nur einem Sprengkopf beladene Trägerraketen verteilt, könnten sie in einigen Phasen des Übergangsprozesses den Verteidigungsministerien beider Seiten ein segensreiches Gefühl der Sicherheit vermitteln. In jedem Falle wäre die drastische Reduzierung der Arsenale, die durchgeführt werden müßte, wenn man *vor* einer massenhaften Stationierung von »Maulwürfen« das Bewaffungsniveau unter die Schwelle einer potentiellen Klimakatastrophe senken wollte, in keinem Fall von einem um seiner selbst willen vorgenommenen größeren Rüstungsabbau zu unterscheiden (dazu s. u.).

5. Folgen für die Dritte Welt

Vor Durchführung der TTAPS-Berechnungen konnte man noch die Auffassung vertreten, daß die Entwicklungsländer von einem in den mittleren Breiten der nördlichen Erdhalbkugel ausgetragenen Atomkrieg zwar wirtschaftlich schwer in Mitleidenschaft gezogen, aber nicht regelrecht mitvernichtet würden. Jetzt jedoch spricht mehr für die Annahme, daß auch Nationen, die an einer atomaren Auseinandersetzung nicht teilnehmen, ja auch solche, die im Rahmen der globalen Konfrontation zwischen den USA und der Sowjetunion eine vollkommen neutrale Stellung bewahren, bevölkerungsmäßig und wirtschaftlich auf ein prähistorisches Niveau reduziert werden könnten. Länder zwischen dem 70. Grad nördlicher und dem 30. Grad südlicher Breite, Länder mit schwacher Wirtschaftskraft, Länder, die heute große Nahrungsmittelmengen importieren müssen oder eine unterernährte Bevölkerung haben, sowie Länder, auf deren Territorium sich strategisch wichtige Objekte befinden, sind besonders gefährdet. Das Überleben von Ländern, die an und für sich weit abseits eines potentiellen atomaren Konflikts liegen, hängt in der Tat von der Besonnenheit und Klugheit der atomaren Großmächte ab. Indien, Brasilien, Nigeria oder Saudi-Arabien könnten in einem Atomkrieg untergehen, ohne daß eine einzige Bombe auf ihrem Staatsgebiet einschlüge.[22]

Ganz abgesehen einmal von allfälliger Kritik an der weltweiten Vergeudung finanzieller, technischer und intellektueller Ressourcen für das atomare Wettrüsten, ist ein Atomkrieg eine potentielle Bedrohung für jede Nation und jede Person auf diesem Planeten. Wenn die fünf Atommächte von den anderen Staaten der Erde, die um ihr eigenes Überleben fürchten, unter diplomatischen und wirtschaftlichen Druck gesetzt werden, so wäre dies sicher zumindest nicht ganz nutzlos.

6. Schutzbunker

Die Örtlichkeiten, von denen man üblicherweise annimmt, daß sie im Ernstfall als Schutzunterkünfte für die Zivilbevölkerung dienen könnten, sind nutzlos selbst gegenüber den schon vor der TTAPS-Studie bekannt gewesenen Folgewirkungen eines Atomkriegs. In den anspruchsvolleren unter ihnen sind Lebensmittel und Wasser für eine oder zwei Wochen, bescheidene Heizmöglichkeiten, noch bescheidenere Sanitär- und Luftfilterungsanlagen vorhanden – und nichts, was den Insassen helfen könnte, mit den psychischen Belastungen eines längeren Aufenthalts unter der Erde fertig zu werden, während dessen sich draußen unbekannte klimatische und ökologische Vorgänge abspielen. Unterkünfte, die einen wirksamen Schutz vor wochenlangem Dauer-

frost, starken radioaktiven Strahlungsdosen und Pyrotoxinen bieten würden, müßten sehr viel aufwendiger konstruiert sein — ganz abgesehen von der Frage, was erstrebenswert daran wäre, sechs oder neun Monate später auf eine ultraviolett überstrahlte und biologisch verarmte Erdoberfläche zurückzukehren, auf der Insektenplagen und Epidemien wüten würden und auf der die Grundlagen der Landwirtschaft zerstört wären.
Adäquate Schutzbunker, die einer einzelnen Familie oder einer größeren Gruppe einige Monate oder ein Jahr lang Notunterschlupf gewähren könnten, sind selbst im wohlhabenden Westen für die meisten Leute zu teuer. Die Errichtung großer Schutzunterkünfte für die Bevölkerung durch den Staat würde nicht nur ungeheure Summen verschlingen, sondern hätte an sich schon eine destabilisierende Wirkung. Die Aussicht auf die Klimakatastrophe ist darüber hinaus geeignet, das Bewußtsein für die Ungleichhheit zwischen den politischen Führern (und in manchen Fällen ihren Familien) einerseits, für die aufwendige Schutzbunker zur Verfügung stehen, und der Masse der Zivilbevölkerung andererseits zu schärfen, für die nicht einmal ein auch nur annähernder Schutz erschwinglich ist. Aber selbst wenn es möglich wäre, vollkommen sichere Schutzunterkünfte für die gesamte Bevölkerung der USA und der Sowjetunion zu bauen, würde dies nicht das geringste an der Gefahr ändern, in der die übrigen Länder der Erde

schweben. Schutzbauten für die kriegführenden Nationen unter der Voraussetzung, daß nur deren eigene Bevölkerung gefährdet ist, sind eine Sache; Schutzbauten für die kriegführenden Nationen in einer Situation, in der der Bevölkerung der nicht kriegsbeteiligten Länder nur rudimentäre oder gar keine Schutzunterkünfte zur Verfügung stehen, sind eine ganz andere Sache.

7. Raketenabwehrsysteme

Die Gefahr der Klimakatastrophe könnte als zusätzliches Argument für den Aufbau land- oder weltraumgestützter Systeme zur Abwehr ballistischer Raketen, sogenannter BMD-Systeme, ins Feld geführt werden, wie der Präsident der Vereinigten Staaten sie in seiner »Star-Wars-Rede« vom 23. März 1983 gefordert hat. Bei der Konzipierung derartiger Systeme stößt man freilich rasch auf schwerwiegende technische, finanzielle und politische Probleme.[23] Selbst ihre Befürworter setzen bis zur vollen Einsatzfähigkeit solcher Systeme einen Zeitraum von zwei oder drei Jahrzehnten an. Was die Durchlässigkeitsquote solcher Systeme angeht (die angibt, ein wie großer Prozentsatz anfliegender Raketen den Abwehrschirm durchdringen und am vorgesehenen Zielpunkt detonieren), so würde sie auch nach optimistischen Expertenschätzungen nicht unter 5 Prozent, nach weniger optimistischen Schätzungen bei bis zu 30

Prozent liegen. Das gegenwärtige weltweite Arsenal an strategischen Sprengköpfen übersteigt das zur Auslösung der Klimakatastrophe erforderliche Maß um so viel, daß im Falle eines annähernd vollständigen Schlagabtauschs selbst dann, wenn nur zwischen 5 und 30 Prozent der anfliegenden Raketen ins Ziel träfen, die Schwelle zur Klimakatastrophe überschritten werden könnte. Dabei gibt es sehr ernstzunehmende und fachkundige Schätzungen, denen zufolge die Durchlässigkeitsquote zumindest für die überschaubare Zukunft bei 50 bis 99 Prozent liegen wird. Dazu kommt, daß der Aufbau von BMD-Systemen von der Gegenseite wahrscheinlich mit einer entsprechenden Vermehrung ihrer Offensiv-Sprengköpfe beantwortet würde.
Eine angreifende Rakete durchläuft drei Flugphasen: die Beschleunigungs-, die Trägflug- und die Endanflugphase. Der Versuch, gegnerische Raketen bereits in der Beschleunigungs- oder Trägflugphase abzufangen, würde einen in dieser Größenordnung noch nie dagewesenen Einsatz einer nicht erprobten und nicht erprobbaren Technik erfordern. Heute schon realisierbar wären nur BMD-Systeme für die Endanflugphase (sogenannte ABM, d. h. Anti-Raketen-Raketen), und selbst die Entwicklung und Konstruktion dieser Systeme, so wenig wirksam sie sind, erfordert womöglich einen ruinösen finanziellen Aufwand, ehe von ihnen eine nennenswerte Verteidigungs- oder Abschreckungswirkung ausgehen

wird. Die Neuentwicklungen in Richtung auf eine größere Manövrierfähigkeit anfliegender Sprengköpfe in der Endanflugphase dürften die Kosten für wirksame BMD-Systeme noch einmal beträchtlich in die Höhe schnellen lassen. Selbst unter den günstigsten Voraussetzungen werden Offensivsysteme wirksamer und billiger sein als Defensivsysteme.

Bei einer Raketenabwehr in der Endanflugphase (die übrigens nur bei der Verteidigung gehärteter Punktziele erfolgversprechend ist) erfolgt die Zerstörung der anfliegenden Sprengköpfe naturgemäß in geringer Höhe über der Erdoberfläche. Der Angreifer kann sich dies zunutze machen, indem er seine Sprengköpfe so präpariert, daß sie detonieren, wenn sie angegriffen werden (»solidarische Detonation«). Im Rahmen einiger Konzepte schließt die BMD-Strategie selbst die Explosion von Kernsprengköpfen in Bodennähe ein. Nicht wenige gehärtete Ziele, besonders in Europa und der Sowjetunion, liegen nur wenige Dutzend Kilometer von Großstädten oder Waldgebieten entfernt. Somit krankt jenes BMD-System, das am ehesten und schnellsten entwickelt und stationiert werden könnte, an dem Nachteil, daß es, wenn es überhaupt funktioniert, Brände auslöst, die zu einer Klimakatastrophe beitragen können – von seiner Durchlässigkeit nicht zu reden. Für die abschbare Zukunft werden BMD-Systeme nicht in der Lage sein, den Nuklearwinter zu verhüten.

8. Andere Möglichkeiten

Es sind noch einige andere Reaktionsmöglichkeiten im Hinblick auf eine Klimakatastrophe denkbar, darunter auch manche, die noch selbstmörderischer anmuten als die soeben erörterten. Beispielsweise könnte ein Land sich dazu entschließen, seine Silos und seine mobilen Startrampen (welch letztere den Gegner zu Sperrfeuer-Angriffen animieren) in Großstädte und Waldgebiete zu verlegen und damit dafür zu sorgen, daß jeder auch nur einigermaßen adäquate Counterforce-Erstschlag durch die Gegenseite mit großer Sicherheit eine weltweite Klimakatastrophe auslösen würde. Oder ein Land mit einem relativ kleinen atomaren Arsenal oder mit nur geringen strategischen Kapazitäten könnte auf die Idee kommen, sich ein Schwellenarsenal von etwa 500 bis 2000 einsetzbaren Sprengköpfen zuzulegen, um auf der internationalen Bühne als »Großmacht« ernstgenommen zu werden. Allein, diese und ähnliche vermeintliche Auswege aus den Dilemmata des Atomkriegs machen den Krieg, anstatt ihn zu verhüten, nur noch wahrscheinlicher und/oder verschärfen die damit verbundenen Risiken, so daß anzunehmen ist, daß die betreffenden Länder selbst oder, wenn nicht sie, dann die anderen potentiell bedrohten Völker diese Optionen letztlich verwerfen werden. Ein heimliches Beschreiten dieser Pseudo-Auswege ist ohnehin nicht möglich — jede Verlegung strategischer Waffensysteme in größerem Ausmaß ist mit Mitteln, über die heute jedes Industrieland verfügt, ebenso leicht und prompt feststellbar wie die Aufstellung neuer strategischer Arsenale.

Keine der genannten strategischen und politischen Möglichkeiten des Reagierens auf die Perspektive einer durch einen Atomkrieg ausgelösten Klimakatastrophe scheint unter dem Aspekt der Sicherheit akzeptabel zu sein, nicht für die Atommächte und noch viel weniger für die übrigen Länder der Erde. Die Perspektive der Klimakatastrophe ist vielmehr auf kürzere Sicht geeignet, die Standardargumente zu stützen, die für eine vertrauensbildende Strategie, insbesondere zwischen den USA und der Sowjetunion, für eine Abkehr von kindischer Kriegsspiel-Rhetorik, für eine Absage an die Versuchung, die andere Seite zu verteufeln, für eine Reduzierung der Wahrscheinlichkeit einer durch ein Versehen oder ein technisches Versagen ausgelösten strategischen Konfrontation, für (alte und neue) Waffensysteme mit stabilisierender Wirkung (z. B. eine Abkehr von der Mehrfachsprengkopftechnik), für den Verzicht auf atomare Kriegführungsstrategien, für ein gesundes Mißtrauen gegenüber der These vom taktischen oder begrenzten Atomkrieg zum Zwecke der »Eindämmung«, für nicht sicherheitsgefährdende einseitige Abrüstungsschritte wie die Ausmusterung alter Waffensysteme von extrem hoher Sprengkraft, für vertragliche Garantien für die Nichteinführung bestimmter weltraumstationierter Waffensysteme mit stark destabilisierender Wirkung, für eine Verbesserung der Kommunikation auf allen Ebenen, insbesondere zwischen den Generalstäben und den Regierungschefs, sowie für die öffentliche Bekanntgabe wichtiger strategisch-konzeptioneller Änderungen ins Feld geführt werden. Die USA könnten sich ferner auch überlegen, ob sie nicht die UN-Konvention über die Verhinderung und Bestrafung des Völkermords aus dem Jahr 1948 ratifizieren sollten, die von 92 Ländern, unter anderem von der Sowjetunion, ratifiziert ist.

Beide Supermächte täten gut daran, künftig auf apokalyptische Drohungen und Doktrinen zu verzichten. Diese beeinträchtigen, soweit sie unglaubwürdig sind, die Abschreckungswirkung der Atomwaffen, und sie setzen andererseits, soweit sie glaubwürdig sind, Ursache-Wirkungs-Ketten in Bewegung, die letzten Endes zu apokalyptischen Weiterungen führen.

Auf längere Sicht wirft die Perspektive der Klimakatastrophe ernstzunehmende Fragen danach auf, was wir heute unter nationaler und internationaler Sicherheit bzw. Sicherheitspolitik zu verstehen haben. Für mich ist offenkundig, daß unsere Spezies in ernster Gefahr schwebt, mindestens so lange, bis der weltweite Vorrat an Atomwaffen bis unter die den Übergang zur Klimakatastrophe markierende Schwelle abgesenkt ist. Ver-

wundbar und gefährdet würden die Völker der Erde, würden ihre Kultur und ihre Zivilisation auch noch bei einem weit unter diese Schwelle reduzierten Arsenal bleiben. Es ist sogar denkbar, daß von jetzt an nur noch ein unter jenem Schwellenwert liegendes Waffenarsenal zu glaubwürdiger Abschreckung taugt. Der vielgepriesene Vorschlag George Kennans, das weltweite Nukleararsenal zunächst einmal auf 50 Prozent des bisherigen Bestandes zu reduzieren[24], wird nach allgemeiner Ansicht schwer genug in die Tat umsetzbar sein. Seine Verwirklichung wäre jedoch nur der erste Schritt in Richtung auf das, was nach dem heutigen Erkenntnisstand eindeutig und dringend not tut: ein Abbau um mehr als 90 Prozent (Kennan hat eine Reduzierung um, in letzter Instanz, über 84 Prozent empfohlen) – ausreichend für eine glaubwürdige strategische Abschreckung, falls eine solche als notwendig erachtet wird, aber nicht ausreichend zur Auslösung des Nuklearwinters. Weitere Abrüstungsschritte könnten danach erwogen werden.
Der Einsatz von Atomwaffen mit einer Gesamtsprengkraft, die über oder nahe bei der Schwelle zur Klimakatastrophe läge, wäre, wie wir heute erkennen, ein Verstoß gegen die 1977 verabschiedete Genfer Konvention über die feindselige Nutzung von Techniken der Umweltveränderung, die von 48 Ländern unterzeichnet und sowohl von der Sowjetunion als auch von den USA ord-

nungsgemäß ratifiziert worden ist.[25] Artikel 6 des Atomwaffensperrvertrages von 1968 verpflichtet die Signatarstaaten, darunter die USA und die Sowjetunion, »in ehrlicher Absicht Verhandlungen über wirksame Maßnahmen zu führen, die sich auf eine möglichst frühzeitige Beendigung des atomaren Rüstungswettlaufs und auf atomare Abrüstungsschritte richten . . .« Ich bilde mir nicht ein, daß diese Verträge als solche eine entscheidende Rolle bei der Herbeiführung eines nennenswerten Abbaus der weltweit angehäuften strategischen Arsenale spielen können; sie können jedoch bei den Regierenden in Ost und West ein Gefühl der Verantwortung und der Verpflichtung wecken oder verstärken und vielleicht dazu beitragen, daß die dringend notwendigen bilateralen und multilateralen Abrüstungsverhandlungen rascher in Gang kommen und zügiger geführt werden.

Den atomaren Rüstungswettlauf umkehren!

Wir haben, in gemächlichen und unmerklichen Etappen, einen Weltuntergangs-Mechanismus konstruiert. Bis diese Erkenntnis sich vor kurzem, angeregt durch einen bloßen Zufall, Bahn brach, war sie niemandem geläufig. Und wir haben die Auslöser über die gesamte nördliche Erdhalbkugel verteilt. Jeder amerikanische und jeder sowjetische Regierungschef seit 1945 hat wichtige atomkriegsbezogene Weichenstellungen in völliger Unkenntnis der Klimakatastrophe vorgenommen. Vielleicht hätte die Kenntnis dieses Zusammenhangs eine mäßigende Wirkung auf den Gang der weltpolitischen Ereignisse und insbesondere auf das Tempo des Rüstungswettlaufs ausgeübt. Künftig werden wir allerdings keine Ausrede mehr haben, wenn wir es versäumen, die Klimakatastrophe als Faktor bei unseren langfristig wirksamen strategisch-politischen Entscheidungen zu berücksichtigen.

Da der aus brennenden Städten aufsteigende Qualm der gefährlichste ursächliche Faktor für die Klimakatastrophe ist und da verheerende Brände auch schon durch strategische Waffen von geringer Sprengkraft ausgelöst werden können, scheint mir die *Gesamtzahl* der vorhandenen strategischen Sprengköpfe der vielleicht relevanteste und brauchbarste Parameter für die Festlegung der kritischen Schwelle zu sein, jenseits derer die Klimakatastrophe droht. (Natürlich spielt die Sprengkraft selbst ebenfalls eine Rolle, und wie bereits oben erwähnt, könnten in der Zukunft Waffensysteme mit sehr geringer Sprengkraft, sehr hoher Zielgenauigkeit und mit »Maulwurftechnik« strategische Ziele zerstören, ohne einen Nuklearwinter auszulösen.) Für andere definitorische Zwecke bieten sich andere Parameter an – die Zahl der U-Boot-gestützten Sprengköpfe, das Wurfgewicht (d. h. die ins Ziel beförderbare Netto-Nutzlast), die Gesamt-Megatonnage usw. Je nachdem, welche Parameter man wählt, kann man zu unterschiedlichen Bestimmungen hinsichtlich des strategischen Gleichgewichts gelangen. In bezug auf die Gesamtzahl strategischer Sprengköpfe jedenfalls sind die Vereinigten Staaten der Sowjetunion immer »voraus« gewesen und sind es noch heute.

Aufgrund überlieferter Glaubensüberzeugungen und individueller Alltagserfahrung glauben wir zu wissen, daß ein Mehr an Waffen ein Mehr an Sicherheit bringt. Seitdem es jedoch Atomwaffen gibt und beide Seiten ihre »Overkill«-Kapazitäten angehäuft haben, ist die Annahme möglich geworden, daß jenseits eines bestimmten Punktes eine Vergrößerung des atomaren Waffenarsenals keinen Zuwachs an nationaler Sicherheit mehr bringt. Ich möchte an dieser Stelle die These wagen, daß jenseits der Schwelle zur Klimakatastrophe eine Vermehrung der Zahl der strategischen Waffen zu einer deutlichen *Verminderung* der (nationalen und globalen) Sicherheit führt. In Abb. 3 sind diese drei Kalküle in

Kurvenform schematisch dargestellt. Die nationale Sicherheit ist kein Nullsummenspiel: Strategische Nicht-Sicherheit der einen Seite bedeutet fast immer auch strategische Nicht-Sicherheit für die Gegenseite. Konventionelle Überzeugungen aus der Zeit vor 1945, so tief verwurzelt sie sein mögen, geben in einem Zeitalter apokalyptischer Waffen keine zureichenden Orientierungshilfen mehr.

Sehr grob geschätzt, könnte die Zahl der zur Herbeiführung der Klimakatastrophe erforderlichen atomaren Sprengköpfe irgendwo zwischen 500 und 2000 liegen; diese Schätzung mag etwas zu hoch oder etwas zu niedrig angesetzt sein, je nachdem, ob man bodenferne Detonationen über Großstädten zugrunde legt oder bodennahe Detonationen zur Zerstörung von Punktzielen. Die der Festlegung einer Schwellenzahl unvermeidlich innewohnende Unsicherheit ist selbst ein Faktor von strategischer Bedeutung, und eine kluge Politik würde sicherlich versuchen, das nukleare Arsenal auf ein unterhalb des genannten Schätzbereichs liegendes Niveau zu reduzieren. Nationale oder globale Arsenale, die über dem Niveau dieser Schwelle liegen, bringen uns in einen Bereich der atomaren Bewaffnung, den man als »Weltuntergangs-Zone« bezeichnen könnte (s. Abb. 4). Wenn das weltweite Arsenal in seiner Gesamtheit deutlich unterhalb dieses grob geschätzten Schwellenniveaus läge, könnte durch keine wie auch immer geartete Verkettung von Computerfehlern, Schlampereien, eigenmächtigen Entscheidungen, Übermittlungsfehlern, Fehlkalkulationen und/oder wahnwitzigen Schritten unverantwortlicher Politiker der Nuklearwinter heraufbeschworen werden. Solange die globalen Arsenale diesen Schwellenwert übersteigen, ist die Katastrophe zumindest möglich. Je höher über der Schwelle wir das Niveau unserer atomaren Bewaffnung belassen, desto wahrscheinlicher ist es, daß ein kriegerischer Schlagabtausch die Klimakatastrophe auslösen würde. Wenn wir uns mit einem dauerhaft »überschwelligen« weltweiten Nukleararsenal abfinden, so heißt das praktisch, darauf zu vertrauen, daß alle zivilen und militärischen Führer aller gegenwärtigen und zukünftigen Atommächte von der ihnen damit in die Hände gelegten Verantwortung für den Fortbestand der menschlichen Zivilisation, ja der menschlichen Rasse, einen guten und besonnenen Gebrauch machen werden; und darauf zu vertrauen, daß die Kommando- und Kontrollsysteme aller dieser Mächte jetzt und in alle Zukunft zuverlässig und pannenfrei funktionieren werden. Was mich betrifft, so würde ich mich viel wohler fühlen in einer Welt, in der die Klimakatastrophe, ganz unabhängig von der Tüchtigkeit bestimmter Personen, Institutionen und Maschinen, einfach nicht passieren könnte. Dies scheint mir ein elementares Gebot der Vorsicht und eine elementare Forderung meines irdischen Patriotismus zu sein.

Eine Gesamtzahl von um die 1000 Sprengköpfen (mit einigen hundert Megatonnen Gesamtsprengkraft) wäre ein Arsenal von just der gleichen Größenordnung, wie es in den 50er und 60er Jahren als für die Erzielung einer unfehlbaren Abschreckungswirkung erforderlich und als ausreichend für eine »unerträgliche« Zerstörung der Vereinigten Staaten oder der Sowjetunion erachtet wurde. Angesichts der inzwischen erfolgten Verbesserungen in puncto Zuverlässigkeit und Zielgenauigkeit würden heute wahrscheinlich beträchtlich kleinere Arsenale denselben Zweck erfüllen. Es scheint also realistisch, sich eine Welt vorzustellen, in der die globalen strategischen Arsenale unterhalb der kritischen Schwelle angesiedelt wären, in der die wechselseitige Abschreckung effektiv dazu dienen würde, den Einsatz dieser noch verbliebenen Waffen zu verhindern, und in der für den schlimmen Fall, daß es zum Einsatz atomarer Sprengköpfe käme, die Gefahr der Auslösung einer Klimakatastrophe gering wäre.[26]

Um eine so drastische Verringerung der globalen Arsenale zu erreichen, wird es nicht nur heroischer Schritte von seiten der Vereinigten Staaten und der Sowjetunion bedürfen, sondern auch gleichgerichteter Maßnahmen von seiten Großbritanniens, Frankreichs und Chinas, vor allem nachdem die amerikanischen und sowjetischen Arsenale stark reduziert sein werden. Die gegenwärtig in Planung befindliche Aufstockung des atoma-

ren Waffenarsenals zumindest der Franzosen würde den französischen Sprengkopfvorrat an die Schwelle heranbringen oder ihn über sie hinausheben. Ich habe weiter oben bereits etwas über die strategische Instabilität der Arsenale der kleineren Atommächte (ausschließlich im Kontext der Klimakatastrophe) geäußert. Wenn allerdings merkliche Abrüstungsmaßnahmen der USA und der Sowjetunion im Gang wären, wäre es nicht vermessen, darauf zu hoffen, daß die anderen Atommächte ihrem Beispiel folgen würden. Diese Erwägungen unterstreichen auch die Gefahr einer unkontrollierten Weitergabe von Atomwaffen an weitere Nationen, was insbesondere in einer Situation bedenklich wäre, in der die Arsenale der Supermächte rapide abgebaut würden.
Abb. 4 gibt einen schematischen Überblick über das Anwachsen des amerikanischen und des sowjetischen Nukleararsenals von 1945 bis heute. Aus Gründen der Übersichtlichkeit sind das britische, das französische und das chinesische Arsenal nicht aufgeführt; es handelt sich bei ihnen jedoch, wie gesagt, um gefährlich umfangreiche Arsenale, gemessen an den neuen Erkenntnissen zur Klimakatastrophe. Wie wir aus der Abbildung ersehen können, überschritten die Vereinigten Staaten die »Weltuntergangsschwelle« etwa um das Jahr 1953, die Sowjetunion dagegen erst um das Jahr 1966. Die absolut größte quantitative Diskrepanz zwischen den Arsenalen beider Mächte bestand 1961 (mit einem Unterschied

von 6000 Sprengköpfen). Gegenwärtig ist die Diskrepanz geringer als in allen vorausgegangenen Jahren seit 1955. Eine Extrapolation der strategischen Arsenale bis ins Jahr 1985 auf der Grundlage bisher bekannt gewordener Planungen ergibt eine sehr steil, fast senkrecht, ansteigende Linie (gestrichelt); sie symbolisiert den rapiden Aufbau neuer amerikanischer (Pershing 2, Cruise Missiles, MX und Trident) und sowjetischer (SS-21, 22, 23) strategischer und Gefechtsfeldsysteme. Falls diese Projektionen stimmen, würden die USA und die Sowjetunion gegen Ende der 80er Jahre über ein annähernd gleich starkes Arsenal verfügen.
Die obere Kurve (Strich-Punkt-Strich) in Abb. 4 zeigt die Summe des amerikanischen und sowjetischen Arsenals (d. h. im wesentlichen den Umfang des weltweiten Arsenals); sie steigt ab etwa 1970 sehr steil an und wird, wenn unsere Projektion stimmt, in den nächsten Jahren einen noch steileren Anstieg aufweisen. Solche exponentiell oder fast exponentiell ansteigenden Verlaufskurven sind bei einem Rüstungswettlauf, bei dem die Zuwachsrate jeder Seite der wahrgenommenen Bedrohung durch das Arsenal des Gegners proportional ist, zu erwarten; ebenso klar ist andererseits, daß ein solcher Zuwachs sich nicht endlos fortsetzen kann. Bei allen natürlichen und gesellschaftlichen Systemen, in denen es zu solchen steilen Zuwachs- oder Vermehrungsprozessen kommt, brechen sie irgendwann ab, oft mit einer Katastrophe.

Es herrscht ein breiter Konsens — wenn auch von unterschiedlichen Motiven und Begründungen getragen — darüber, daß das weltweite Nukleararsenal einschneidend reduziert werden muß. Von einigen Skeptikern abgesehen, sind die Experten sich auch allgemein darin einig, daß ein solcher Abbau der Atomrüstung zumindest in seiner anfänglichen und mittleren Phase mit Hilfe einseitiger technischer Mittel und anderer Prozeduren verifiziert werden könnte. In der Anfangsphase eines signifikanten Rüstungsabbaus wird ein kritischer Punkt überwunden werden müssen: Auf oder unter ein Niveau zurückzugehen, das es beiden Seiten theoretisch erlauben würde, in einem überraschenden Erstschlag *unterhalb* der Schwelle zur Klimakatastrophe fast alle Silos des Gegners zu zerstören, wird den Verantwortlichen beider Seiten schwerfallen. Um diese Hemmschwelle überwinden zu können, müßten beide Seiten eine unverwundbare Vergeltungskapazität aufrechterhalten, die ihrerseits zu einem späteren Zeitpunkt auf ein »unterschwelliges« Niveau reduziert werden könnte. (Es wäre übrigens für beide von Nutzen, dem Gegner bei der Entwicklung eines solchen Vergeltungspotentials bestimmte Hilfen zu gewähren.) Wenn die Reduzierung der Arsenale weiter fortgesetzt wird, bedarf es möglicherweise einer sehr sorgfältigen Feinabstimmung der einzelnen Schritte sowie zusätzlicher Vorkehrungen, die sicherstellen, daß ein ungefähres strategisches Gleichgewicht gewahrt bleibt. In der Phase, in der die Arsenale sich dem Schwellenniveau annähern, müßten überprüfbare Obergrenzen sowohl für die Zahl der verbleibenden Sprengköpfe als auch für ihre Sprengkraft ausgehandelt werden, mit dem Ziel, Anzahl und Umfang von Großstadtbränden im Falle eines doch einmal ausbrechenden atomaren Konflikts zu minimieren. Es scheint mir nicht unrealistisch, zu hoffen, daß eine einmal in Gang gesetzte »Abrüstungsspirale« eine ähnliche Eigendynamik entwickeln würde, wie sie uns von der Rüstungsspirale her vertraut ist; erfolgreiche erste Schritte würden ein Klima schaffen, das die Fortsetzung des Prozesses erleichtern würde.

Zur Zeit stehen in den Vereinigten Staaten drei Vorschläge im Mittelpunkt der Diskussion; sie werden mit den Schlagworten Einfrieren (»nuclear freeze«), Abspecken (»builddown«) und Tiefe Schnitte (»deep cuts«) bezeichnet. Ihre möglichen Effekte sind in Abb. 4 schematisch dargestellt. Die drei Ansätze schließen sich keineswegs wechselseitig aus, ebensowenig wie sie andere Ansätze und Vorschläge ausschließen. Eine Übereinkunft über das Einfrieren der atomaren Rüstung auf ihrem derzeitigen Stand würde zumindest das Weiterwachsen der Arsenale und die Stationierung weiterer destabilisierender Systeme verhindern und würde vermutlich auch den Weg für ein Abkommen über eine stufenweise Reduzierung der vorhandenen Potentiale bereiten (siehe dazu die Kurven für die Zeit nach 1985 in Abb. 4). Um die Versuchung bzw. die wahrgenommene Gefahr eines Erstschlags zu reduzieren, müßte die Abschaffung der Mehrfachsprengkopf-Technik möglicherweise ein wesentliches Element jeglicher Abrüstungsvereinbarungen sein.

Das für einen Abbau der strategischen Arsenale im Anschluß an ein Freeze-Abkommen am häufigsten vorgeschlagene Verfahren ist die stufenweise prozentuale Verringerung. Diesem Ansatz zufolge würden die beiden Seiten sich auf einen bestimmten Prozentsatz einigen − oft wird dafür eine Zahl zwischen 5 und 10 Prozent genannt −, um den sie ihre Sprengköpfe Jahr für Jahr zu reduzieren gedenken. (Da der Prozentsatz aus einer stetig kleiner werdenden Gesamtmasse errechnet würde, würde sich die Zahl der Sprengköpfe asymptotisch dem Wert Null annähern.) Das Verfahren der prozentualen Reduktion wurde den Sowjets von den Amerikanern beim Wiener Gipfelgespräch vom Juni 1979 vorgeschlagen, und zwar bezogen auf die in SALT II enthaltenen Systeme und Grenzwerte. Die jährlichen prozentualen Reduzierungsschritte sollten so lange fortgesetzt werden, bis ein Abbau der betreffenden Potentiale auf 50 Prozent des Anfangsniveaus erreicht wäre. Der unter dem Schlagwort »Abspecken« behandelte Vorschlag würde zwar eine Modernisierung der Waffensysteme erlauben, aber jede Seite darauf verpflichten, für jeden in eine neue oder modernisierte Rakete eingebauten Sprengkopf mindestens einen anderen Sprengkopf zu verschrotten. Viele derzeit diskutierte Spielarten dieses Vorschlags sehen vor, daß beide Seiten sich darüber hinaus zu einer Reduzierung ihres Gesamtvorrats an Sprengköpfen um rund 5 Prozent pro Jahr verpflichten (also wieder das Verfahren der jährlichen prozentualen Verringerung), damit sichergestellt ist, daß auch dann, wenn keinerlei Modernisierung stattfände, ein Abbau der Potentiale eintritt. Das Reduzierungstempo (symbolisiert durch das Gefälle der entsprechenden Kurven in Abb. 4) entspricht bei diesem Ansatz in etwa dem vom US-Kongreßabgeordneten Albert Gore vorgelegten Modell[27], bei dem für 1991/92 ein ungefährer Gleichstand bei 8500 Sprengköpfen auf jeder Seite und bis 1997 ein Rückgang auf 6500 Sprengköpfe pro Seite anvisiert ist. Es gibt besorgte Stimmen, die davor warnen, daß die Modernisierung strategischer Systeme, die der »Abspeck«-Ansatz gestattet, Tür und Tor für die Einführung weiterer destabilisierender Waffen öffnen könnte. Es ist auch keineswegs klar zu ersehen, ob alle Befürworter des »Abspeckens« über das angestrebte Zwischenziel von je 5000 Sprengköpfen für die USA und die Sowjetunion hinaus noch weitere Reduktionen für notwendig halten. Würde der von ihnen vorgesehene Reduktionsrhythmus unbefristet beibehalten, würde der Umfang des globalen Nukleararsenals erst um das Jahr

2020 herum wieder unter die kritische Schwelle sinken. Dies mag, gemessen an der gegenwärtigen Situation, wie ein drastischer Schritt zum Besseren anmuten — im Lichte der kritischen Zuspitzung der Weltlage, die wir heute konstatieren müssen, scheint mir das hier anvisierte Tempo zu gemächlich.
Der Ansatz der »Tiefen Schnitte«, der ursprünglich von George Kennan[24] und Noel Gayler[28] konzipiert wurde und ihrem Vorschlag nach mit einer Halbierung der weltweit vorhandenen Arsenale binnen relativ kurzer Zeit beginnen sollte, sieht zusätzlich vor, daß die Kernspaltungszünder aller thermonuklearen Waffen, der stationierten wie der in Reserve gehaltenen, einer binationalen oder multinationalen Behörde ausgehändigt und das darin enthaltene spaltbare Material in der Folge in Kernkraftwerken nutzbringend verheizt wird (was vielleicht eine mustergültige Verwirklichung des Postulats »Schwerter zu Pflugscharen« wäre). Eine stark schematisierte Verlaufskurve für eine mögliche Spielart dieses Ansatzes ist in Abb. 4 enthalten; sie setzt ein bei dem von Gore für 1991/92 anvisierten Gleichstand. Die Halbierung des gegenwärtigen weltweiten Arsenals wäre in diesem Fall um 1995 herum erreicht, die Rückkehr unter die Weltuntergangsschwelle um das Jahr 2000.
Die mit Hilfe dieser Kurven illustrierten Entwicklungsverläufe würden in Wirklichkeit sehr wahrscheinlich Schlangen- und Zackenlinien aufweisen, da ein bilateral

(bzw. letztlich auch multilateral) vereinbarter Abbau der Arsenale sicher nicht vollkommen stetig verlaufen würde — das Sicherheitsbedürfnis aller Beteiligten würde Stockungen, Bremsmanöver und andere Abweichungen von der »Ideallinie« verursachen. Die dem »Tiefe-Schnitte«-Ansatz zugeordnete Kurve weist ein Gefälle auf, das nicht steiler ist als die Steigerung der Zuwachskurve ab 1970. Möglicherweise sind Varianten mit einem weit stärkeren Gefälle möglich und sollten in Erwägung gezogen werden. Es wäre ein Akt der Verheißung für die Zukunft und ein gebührender Anlaß zu patriotischem Stolz, wenn wir es bis 1992 schaffen würden, eine wesentliche Verringerung des nuklearen Waffenarsenals wenigstens in Gang zu setzen — 1992 ist das Jahr, in dem nicht nur der 500. Jahrestag der Entdeckung Amerikas durch Christoph Columbus gefeiert wird, sondern auch der 75. Jahrestag der bolschewistischen Revolution. Und ein Abbau des weltweiten strategischen Potentials auf ein deutlich unterhalb der Weltuntergangsschwelle liegendes Niveau wäre eine angemessene und verheißungsvolle Wegmarke am Beginn des 3. Jahrtausends unserer Zeitrechnung. Wenn wir diese Ziele oder wenigstens eines davon erreichen wollen, müssen wir unverzüglich einige Schritte in diese Richtung tun.
Niemand wird sich erkühnen, zu behaupten, daß es leicht sei, das nukleare Wettrüsten zu beenden und die Schraube zurückzudrehen. Aber es ist notwendig, und

sei es nur aus denselben Gründen, die bisher zur Rechtfertigung des Wettrüstens angeführt worden sind, nämlich im Interesse der nationalen Sicherheit der Vereinigten Staaten und der Sowjetunion. Notwendigerweise handelt es sich dabei um ein Unterfangen von kolossalen Dimensionen. John Stuart Mill hat geschrieben: »Ein kleines Heilmittel erzielt, gegen ein großes Übel verabreicht, nicht eine kleine Wirkung, sondern überhaupt keine.« Wenn ein gleiches Maß an technischer Phantasie, Hingabe und materiellem Aufwand auf die abfallenden Kurven in Abb. 4 verwendet würde wie bislang auf die ansteigenden Kurven, sehe ich keinen Grund, zu bezweifeln, daß die Aufgabe gelöst werden kann.

Insoweit, als die aufgezeigten Lösungsmöglichkeiten die Stationierung neuer, stabilisierender Waffensysteme, die Entwicklung neuer Verifizierungsmethoden − insbesondere in den späteren Stadien des Abrüstungsprozesses − und (vielleicht) eine Verstärkung der konventionellen Bewaffnung vorsehen, werden sie uns natürlich teuer zu stehen kommen. Gemessen an dem, was wir uns damit erkaufen würden, wären sie dennoch preiswert: Die Versicherungsmathematik berechnet die Höhe einer Versicherungsprämie nicht nur nach der Eintrittswahrscheinlichkeit eines definierten Schadensfalles, sondern auch nach dem Wert des zu versichernden Gutes.

Den Wert der Welt in Dollar zu beziffern, ist grobschlächtig und absurd zugleich. Diese Attribute charakterisieren freilich auch treffend den atomaren Rüstungswettlauf. Wenn wir uns allein auf die zählbaren Werte beschränken und als einen sehr groben unteren Schätzwert für das, was in einem weltweiten thermonuklearen Krieg zerstört werden könnte, das Welt-Bruttosozialprodukt nehmen, das wir mit etwa 10 Billionen Dollar pro Jahr beziffern können[29], und es mit der Anzahl der Jahre multiplizieren, die die Menschheit benötigen würde, um den wirtschaftlichen *Status quo ante* wiederherzustellen, erhalten wir eine ungefähre Vorstellung davon, was uns die Erhaltung des Friedens wert sein müßte: Unter der Voraussetzung, daß unsere schlimmsten Befürchtungen nicht eintreffen und daß 10 bis 20 Prozent der Weltbevölkerung überleben würden, und unter der weiteren, höchst optimistischen Voraussetzung, daß diese Überlebenden nur 30 Jahre benötigen würden, um das wirtschaftliche Niveau der Vor-Atomkriegszeit wieder zu erreichen, ergibt unsere Rechnung eine Schadenssumme von 300 Billionen Dollar.
Wie hoch die Wahrscheinlichkeit ist, daß es zu einem Atomkrieg solchen Ausmaßes kommt, wissen wir natürlich nicht; es gibt jedoch mittlerweile eine ganze Reihe sachverständiger Voraussagen, denen zufolge er im Lauf der nächsten paar Jahrzehnte mit großer Wahrscheinlichkeit zu erwarten ist. Seien wir noch einmal

sehr optimistisch und nehmen wir an (nur für dieses Gedankenspiel), daß die durchschnittliche statistische Wartezeit bis zu einem Atomkrieg (das Fortbestehen der gegenwärtigen Politik und Strategie vorausgesetzt) 100 Jahre beträgt. Unter diesen Bedingungen beliefe sich der »Vorsorgebeitrag«, den eine rational denkende Gesellschaft verausgaben würde, um die Gewähr dafür zu schaffen, daß es nicht zu einem Atomkrieg kommt, auf 1 Prozent von 300 Billionen Dollar = 3 Billionen Dollar pro Jahr, d. h. auf etwa das Sechsfache dessen, was derzeit auf der Erde direkt für Rüstungszwecke ausgegeben wird.[30]
Eine Atommacht würde demnach klug handeln, wenn sie Jahr für Jahr mehr Geld für das Zurückschrauben der Rüstungsspirale und die Verhütung eines Atomkriegs ausgäbe als für die Aufrechterhaltung ihrer Kriegsbereitschaft.[31] In Wirklichkeit ist beispielsweise in den Vereinigten Staaten der Jahreshaushalt des Verteidigungsministeriums um rund das 10000fache höher als der des Amts für Rüstungskontrolle und Abrüstung, von irgendwelchen Zweifeln an der Motivation und Effizienz der letzteren Behörde einmal ganz abgesehen. In vielen anderen Ländern ist diese Diskrepanz noch weit größer. Ich persönlich glaube, daß der gesamte technische Apparat, den man benötigen würde, um eine bedeutsame, nachprüfbare allseitige Abrüstung auf ein verantwortbares Niveau zu gewährleisten, für eine um

ein beträchtliches – vielleicht um einen Faktor von 100 oder mehr – geringere Summe als 3 Billionen Dollar pro Jahr aufgebaut und unterhalten werden könnte. Diese äußerst groben Berechnungen sollen und wollen nicht mehr sein als eine Vorstellungshilfe; sie sollen einen Eindruck vermitteln von der himmelweiten Kluft, die sich aufgetan hat zwischen dem, was angesichts unserer derzeitigen Kenntnisse über den Atomkrieg und seine Folgen eine besonnene und verantwortliche Politik wäre, und dem, was die Regierungen der Atommächte gegenwärtig tun. Betroffen und gemeint sind hier jedoch nicht allein die Atommächte: auch Länder, die sich aus der Konfrontation zwischen den Supermächten heraushalten und keinerlei Anteil an deren politischem und ideologischem Hader nehmen, schweben in der Gefahr, bei einem Atomkrieg mitvernichtet zu werden; niemand kann hoffen, der lachende Dritte zu sein, wenn die Blöcke sich gegenseitig auslöschen. Auch die vermeintlich nicht betroffenen Länder täten klug daran, beträchtliche Investitionen für die Verhütung eines Atomkriegs zu tätigen.

Zusammenfassung und Schlußfolgerungen

Die Kälte und Dunkelheit, die radioaktive und ultraviolette Strahlung und die Pyrotoxin-Verseuchung, die im Gefolge eines Atomkriegs – selbst eines Schlagabtauschs, bei dem nur ein kleiner Anteil des weltweiten Vorrats an strategischen Waffen zum Einsatz käme – auftreten, würden das Leben aller Überlebenden auf dieser Erde bedrohen. Das Aussterben der menschlichen Rasse ist im Falle eines Atomkriegs eine reale Möglichkeit. Es gibt eine Schwelle, jenseits derer ein Atomkrieg eine Klimakatastrophe auslösen kann; sie liegt, sehr grob geschätzt, bei der Detonation von 500 bis 2000 strategischen Sprengköpfen. Ein umfassender atomarer Erstschlag kann sich als selbstmörderisch für den Angreifer erweisen, selbst dann, wenn keine Vergeltung erfolgt. Solange in den Arsenalen der Atommächte Waffen mit einem Vielfachen der zur Auslösung der Klimakatastrophe erforderlichen Sprengkraft lagern, werden keine feierlichen politischen Erklärungen und Vereinbarungen und keine mechanischen Sicherheitsvorkehrungen den Fortbestand der menschlichen Art garantieren können. Keine Rivalität zwischen Staaten und Ideologien rechtfertigt die Ansammlung eines Waffenpotentials, das den Untergang der Menschheit herbeiführen kann. Somit besteht die dringende Notwendigkeit eines kontrollierten und nachprüfbaren Abbaus der globalen strategischen Arsenale auf ein Niveau unterhalb der Weltuntergangsschwelle (das für den

Zweck der Abschreckung nach wie vor ausreichen würde). Gelänge ein solcher Abbau, dann wäre wenigstens sichergestellt, daß, falls jemals ein Atomkrieg ausbräche, es nicht zum Schlimmsten käme.

Die Sicherheitspolitik einer nationalen Regierung, die, bezogen auf die Spanne einer Amtszeit oder einer Legislaturperiode, rational oder gar erfolgreich erscheinen mag, kann sich, über einen längeren Zeitraum hinweg betrachtet, als eine unkluge, die nationale – und internationale – Sicherheit gefährdende Politik erweisen. In vieler Hinsicht ist es gerade dieses kurzfristige Denken, das für die gegenwärtige weltweite Krise verantwortlich ist. Die im Hintergrund lauernde Perspektive der Klimakatastrophe verstärkt die in dieser politischen Kurzsichtigkeit liegenden Gefahren. Die Vergangenheit ist stets der Fluch der Gegenwart gewesen, die Gegenwart stets der Fluch der Zukunft. Das Problem der atomaren Überbewaffnung schreit nach einer »ökumenischen« Perspektive, nach einer Politik, die sich über das Niveau der Allerwelts-Redensarten, der festgefahrenen Doktrinen und der gegenseitigen Vorwürfe – so berechtigt sie momentan erscheinen mögen – erhebt und herkömmliche, borniertе Loyalitäten zumindest teilweise überwindet. Was dringend not tut, ist eine in sich folgerichtige, von einem allseitigen Konsens getragene, langfristige Politik mit dem Ziel einer drastischen Reduktion der Atomrüstung, und ein leidenschaftlicher, über Jahrzehnte lebendig bleibender Wille, dieses Ziel zu erreichen.

Die Gabe, die zukünftigen Konsequenzen unserer gegenwärtigen Handlungen (wie unvollkommen auch immer) vorauszusehen und unser Verhalten entsprechend zu ändern, ist eines der Wesensmerkmale der menschlichen Gattung und einer der wichtigsten Ursachen für die triumphale Entwicklung, die diese Gattung im Lauf der letzten Jahrmillionen genommen hat. Unsere Zukunft hängt voll und ganz davon ab, wie rasch, konsequent und wirksam wir diese Gabe in einer neuen Dimension zur Anwendung bringen können: Wir sollten für unsere gefährdete Welt vorsorgen und sie hegen und pflegen, wie wir es für unsere Kinder und Enkelkinder zu tun gewöhnt sind; einen anderen Ort zum Leben als die Erde werden sie nicht haben. Nirgendwo steht geschrieben, daß wir für alle Zeit die Geiseln unserer eigenen Atomwaffen bleiben müssen.

Danksagung

Für anregende Diskussionen und/oder aufmerksame Kommentare zur Rohfassung dieses Berichtes danke ich Hans Bethe, McGeorge Bundy, Joan Chittester, Freeman Dyson, Paul Ehrlich, Alton Frye, Richard Garwin, Noel Gayler, Jerome Grossman, Averell Harriman, Mark Harwell, John P. Holdren, Eric Jones, George F. Kennan, Robert S. McNamara, Carson Mark, Philip Morrison, Jay Orear, William Perry, David Pimentel, Theodore Postel, George Rathjens, Joseph Rotblat, Herbert Scoville, Brent Scowcroft, John Steinbruner, Jeremy Stone, Edward Teller, Brian Toon, Richard Turco, Paul Warnke, Victor Weisskopf, Robert R. Wilson und Albert Wohlstetter. Natürlich ist keiner der Genannten in irgendeiner Weise für die von mir vertretenen Auffassungen oder die daraus gezogenen Folgerungen verantwortlich. Zutiefst verpflichtet bin ich Lester Grinspoon, Steven Soter und insbesondere Ann Druyan für ihren Zuspruch, ihre Anregungen und ihre kritischen Anmerkungen, sowie Mary Roth für die Geduld und Hingabe, mit der sie mein Manuskript durch viele Entwurfsstadien hindurch abtippte. Mein Dank gilt auch Shirley Arden, deren professionelle Kompetenz mir die gründliche Beschäftigung mit diesem Thema in den vergangenen 10 Jahren in weiten Teilen erst möglich gemacht hat.
Dieser Bericht hätte nicht geschrieben werden können ohne die hohe wissenschaftliche Kompetenz und das

Engagement meiner Mitautoren von der TTAPS-Studiengruppe: Richard P. Turco, Owen B. Toon, Thomas P. Ackerman und James B. Pollack, sowie der 19 Mitautoren des wissenschaftlichen Begleithefts zur TTAPS-Studie über die langfristigen biologischen Folgewirkungen eines Atomkriegs.[2,3] Schließlich und endlich möchte ich meinen sowjetischen Kollegen V.V. Alexandrow, E.I. Tschasow, G.S. Golizyn und E.P. Velichow (um nur einige zu nennen) dafür danken, daß sie unabhängige Bestätigungen für die Wahrscheinlichkeit einer Klimakatastrophe im Gefolge eines Atomkriegs beigebracht und mitgeholfen haben, ein anderes Klima entstehen zu lassen – ein Klima der gemeinsamen Besorgnis und der Zusammenarbeit, wie es unerläßlich ist, wenn wir uns unversehrt aus der Falle befreien wollen, in die unsere beiden Nationen sich selbst, die irdische Zivilisation und die menschliche Rasse hineinmanövriert haben.

Anmerkungen

[1] Und von vielen anderen. Die folgende Beschreibung des Eindrucks, den eine der ersten thermonuklearen Detonationen auf einen Augenzeugen machte, ist typisch — sie stammt von Thomas E. Murray, der zum betreffenden Zeitpunkt (1953) die US-amerikanische Atomenergiekommission leitete: »Wenn du im letzten Herbst mit mir draußen im Pazifik, in unserem Testgebiet bei Eniwetok, gewesen wärst, du würdest bestimmt nicht daran zweifeln, daß die Menschheit nunmehr über die Mittel verfügt, die menschliche Rasse auszulöschen.«

[2] R.P. Turco, O.B. Toon, T.P. Ackerman, J.B. Pollack und Carl Sagan (»TTAPS«), »Gobal Atmospheric Consequences of Nuclear War«, *Science*, Bd. 222, S. 1283–1292, 23. Dez. 1983.

[3] P.R. Ehrlich, M.A. Harwell, Peter H. Raven, Carl Sagan, G.M. Woodwell, *et al.*, »The Long-Term Biological Consequences of Nuclear War«, *Science*, Bd. 222, S. 1293–1300, 23. Dez. 1983

[4] Samuel Glasstone und Philip J. Donan, *The Effects of Nuclear War*, 3. Aufl., Washington: Department of Defense, 1977.

[5] Gezündet von der Sowjetunion am 30. Oktober 1961 auf Nowaja Semlja.

[6] Die »taktische« Pershing 1 beispielsweise trägt nach offiziellen Angaben Sprengköpfe mit einer Sprengkraft von bis zu 400 Kilotonnen, während die als »strategisch« ausgewiesene Poseidon C-3 mit einem Wurfgewicht von nur 40 Kilotonnen zu Buch steht. Siehe »World Armaments and Disarmament, SIPRI Yearbook 1982«, Stockholm International Peace Research Institute (London 1982); eine gekürzte deutsche Ausgabe dieses Jahrbuchs ist unter dem Titel *Atomwaffen in Europa* erschienen (Reinbek 1983); siehe auch J. Record, »U.S. Nuclear Weapons in Europe« (Washington: The Brookings Institution, 1974).

[7] Siehe z. B. D. Ball, *Adelphi Paper* 169 (London: International Institute for Strategic Studies, 1981); P. Bracken und M. Shubik, *Technology and Society*, Bd. 4, S. 155, 1982.

[8] National Academy of Sciences/National Research Council, *Long-term Worldwide Effects of Multiple Nuclear Weapons Detonations* (Washington: National Academy of Sciences, 1975); Office of Technology Assessment, U.S. Congress, *The Effects of Nuclear War*, Washington, 1979; J. Peterson (Hrsg.), *Nuclear War: The Aftermath*, Sonderheft, *Ambio*, Bd. 11, Nr. 2-3, Royal Swedish Academy of Sciences, 1982; TTAPS, s. Anm. 2; S. Bergstrom, *et al.*, *Effects of Nuclear War on Health and Health Services*, Rome: World Health Organization, Publications No. A36.12, 1983; National Academy of Sciences, noch unveröffentlichte Studie für das Jahr 1983, erscheint demnächst.

[9] So jedenfalls laut amerikanischen Aussagen. Über die in der Sowjetunion und China geltenden Kriterien für die Zielplanung scheinen keine verläßlichen Angaben vorzuliegen. Bei Briten und Franzosen scheinen Großstädte − möglicherweise sogar *nur* Großstädte − auf der Zielliste zu stehen (siehe dazu beispielsweise Arthur Macy Cox, »End the War Game«, *New York Times*, 8. November 1983).

[10] Siehe z. B. J. Peterson, *Ambio*, (s. Anm. 8).

[11] S. Bergstrom, *Effects of Nuclear War on Health and Health Services*, (s. Anm. 8).

[12] Z.B. *Ambio*, 1982 (s. Anm. 8).

[13] National Academy of Sciences, 1975 (s. Anm. 8).

[14] Der kritische Schwellenwert für Rauch in der Troposphäre liegt bei etwa 100 Millionen Tonnen (vorausgesetzt, daß diese Staubmenge praktisch auf einmal aufgewirbelt wird); für Feinstaub aus Partikeln minimaler Größe ist in etwa der gleiche Schwellenwert anzunehmen. Bei der Berechnung des Schwellenwerts muß die Tatsache berücksichtigt

werden, daß der Sonnenlichtverlust durch die Filterwirkung von Feinstaub nicht eine linear, sondern eine exponentiell ansteigende Funktion der Menge der im Wege des Sonnenlichts befindlichen Staubpartikel ist. Im Rahmen der einfachen Strahlenübertragungstheorie ist dieser Sachverhalt als das Beersche Gesetz bekannt. Mit »Schwelle« ist nicht eine Linie gemeint, bei deren Überschreiten schlagartig der Nuklearwinter eintreten würde, sondern eher ein breiter, fließender Übergangsbereich.

[15] Die allmähliche Erwärmung der Erdatmosphäre infolge eines Gewächshauseffekts, der durch die Anreicherung bestimmter atmosphärischer Schichten mit CO_2 (das bei der Verfeuerung fossiler Brennstoffe entsteht) hervorgerufen wird, würde den Nuklearwinter nicht mildern; dazu ist diese Temperaturerhöhung viel zu gering und vollzieht sich zu langsam.

[16] Diese Erkenntnisse beruhen auf den wichtigen Arbeiten einer großen Zahl von Wissenschaftlern, die sich in den letzten Jahren mit Aspekten dieses Themas beschäftigt haben. Viele dieser Beiträge werden in der in Anm. 2 erwähnten Studie gewürdigt.

[17] David Pimentel und Mark Sorrells, persönliche Mitteilung, 1983.

[18] C.H. Kruger, R.B. Setlow, *et al.*, *Causes and Effects of Stratospheric Ozone Reduction: An Update*. Washington: National Academy of Sciences, 1982.

[19] Die Durchführung von Simulationsversuchen in Terrarien und Aquarien, insbesondere aber auch an größeren natürlichen Ökosystemen, wäre eine wichtige Aufgabe für die künftige Forschung.

[20] Der Ausdruck »Weltuntergangsmechanismus« ist geprägt worden von Herman Kahn in: *On Thermonuclear War,* Princeton 1960.

[21] *Aviation Week and Space Technology*, 15. Mai 1979, S. 225.

[22] Die Verteilung der kältesten Zonen wird in Abhängigkeit von Zeit und Topographie variieren. In einer jüngst durchgeführten, noch sehr pri-

mitiven dreidimensionalen Simulation des Falles Nr. 1 aus Tabelle 1 war 40 Tage nach dem Atomkrieg in einer riesigen Zone, die sich vom Tschad bis Nowosibirsk und vom Kaspischen Meer bis Sri Lanka hinzog und Indien, Pakistan und das westliche China einschloß, ein Temperaturabfall zwischen 15 und 40 Grad Celsius festzustellen. Am schlimmsten betroffen waren Afghanistan, Iran und Saudi-Arabien. (V.V. Alexandrow und G.L. Stentschikow, Rechenzentrum der Akademie der Wissenschaften der UdSSR, Vorabdruck, Moskau 1983).

[23] Richard Garwin, »Comments on Strategic Defense«, Aussage vor dem Unterausschuß für Internationale Sicherheit und Wissenschaftliche Angelegenheiten des Auswärtigen Ausschusses des Repräsentantenhauses. United States Congress, 10. November 1983; Hans Bethe (Veröffentlichung in Vorbereitung).

[24] George F. Kennan, »The Only Way out of the Nuclear Nightmare«, *Manchester Guardian Weekly*, 31. Mai 1981. Es handelt sich um einen Abdruck der Dankesrede, die Kennan anläßlich der Verleihung des Albert-Einstein-Friedenspreises an ihn am 19. Mai 1981 in Washington hielt.

[25] Artikel 1, Absatz 1 lautet: »Jeder Staat, der diese Konvention anerkennt, verpflichtet sich, keinen militärischen oder anderweitig feindseligen Gebrauch von Techniken der Umweltveränderung zu machen, die aufgrund ausgedehnter, langanhaltender oder schwerwiegender Auswirkungen als Mittel der Zerstörung, Beschädigung oder Verletzung gegenüber einem anderen Unterzeichnerstaat dienen.« Absatz 2 fährt fort: »Jeder Staat, der diese Konvention anerkennt, verpflichtet sich, keinem Staat, keiner Staatengruppe oder internationalen Organisation bei der Ausführung von Handlungen, die den Bestimmungen des Abschnitts 1 widersprechen, zu helfen oder sie dazu zu verleiten.«

[26] Da taktische Sprengköpfe mit großer Sprengkraft auch zur Einäscherung von Großstädten verwendet werden können (oder unbeabsichtigt diese Wirkung erzielen könnten, namentlich in Europa), sollten Vorkehrungen getroffen werden, die einen Verzicht auch auf diese Waffen

möglich machen. Zunächst jedoch sollte das Augenmerk den strategischen Sprengköpfen und ihren Trägersystemen gelten.

[27] Albert Gore, *Congressional Record*, 4. August 1983, Bd. 129, Nr. 114.

[28] Noel Gayler, »How to Break the Momentum of the Nuclear Arms Race«, *The New York Times Magazine*, 25. April 1982.

[29] Ruth Leger Sivard, *World Military and Social Expenditures*, Leesburg (Virginia): World Priorities, 1983.

[30] Diese sind auf 540 Milliarden Dollar jährlich geschätzt worden (s. Anm. 29).

[31] Es könnte eingewendet werden, daß die Rüstungsausgaben der einzelnen Staaten ja gerade dem Ziel der Verhütung eines Atomkriegs dienen. Wenn dies so ist, dann scheint eine weitere Erhöhung der Zahl der Sprengköpfe und Trägersysteme eine sehr zweckwidrige Art der Friedenssicherung zu sein − insbesondere im Lichte der Erkenntnisse der TTAPS-Studie.

Tabellen und Schaubilder

Tabelle 1	Ausgewählte Atomkriegszenarien	
Fall	Gesamtsprengkraft (MT)	Anteil der erdnah Detonation (in %
1. 5000 MT, Countervalue und Counterfoce	5 000	57
11. 3000 MT (Normalfall) Nur Counterfoce[h,c]	3 000	50
14. 100 MT (Normalfall nur Countervalud[d]	100	0
16. 5000 MT (schwerer Fall), nur Countervalue[b,c]	5 000	100
17. 10 000 MT (schwerer Fall) Countervalue und Counterforde[d,e]	10 000	63

a. Bei diesem Szenario gehen 12000 km² Großstadt-Kernfläche in Flammen auf; auf jeden cm² kommen durchschnittlich 10 Gramm verbranntes Material, wovon 1,1% als Qualm aufsteigen. Ferner brennen 230000 km² Großstadt-Randfläche (d. h. Wohnvororte etc.) ab, wobei 1,5 Gramm verbranntes Material pro cm², davon 3,6% als aufsteigender Rauch anfallen.

b. Bei diesem sehr optimistischen Szenario wird davon ausgegangen, daß keine Rauchemission stattfindet, daß kein einziger Grashalm verbrennt.

eil der großstädtischen er industriellen Ziele (in %)	Sprengkraftbereich der einzelnen Sprengköpfe (in MT)	Gesamtzahl der Detonationen
20	0,1−10	10 400
0	1−10	2 250
100	0,1	1 000
0	5−10	700
15	0,1−10	16 160

c. Pro Megatonne, die detoniert, werden hier nur 25000 Tonnen Feinstaub in die höheren Schichten der Atmosphäre geschleudert.

d. Im Gegensatz zu Fall 1 brennen hier nur Großstadt-Kerngebiete ab, wobei jedoch pro cm² 10 Gramm brennbaren Materials verbrennen und 3,3% davon in Form von Qualm in die obere Troposphäre steigen.

e. In diesem Fall beträgt die Menge des in die oberen atmosphärischen Schichten aufsteigenden Feinstaubs (mit Partikeln von Submikron-Größe) 150000 Tonnen pro detonierender Megatonne.

Tabelle 2

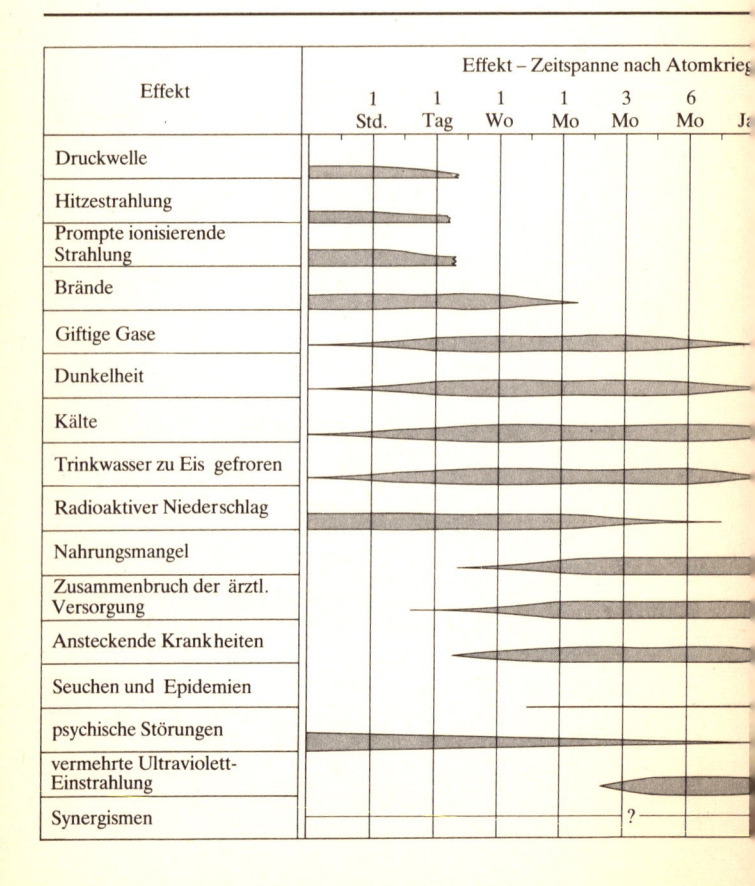

Effekt	Effekt – Zeitspanne nach Atomkrieg						
	1 Std.	1 Tag	1 Wo	1 Mo	3 Mo	6 Mo	Ja
Druckwelle							
Hitzestrahlung							
Prompte ionisierende Strahlung							
Brände							
Giftige Gase							
Dunkelheit							
Kälte							
Trinkwasser zu Eis gefroren							
Radioaktiver Niederschlag							
Nahrungsmangel							
Zusammenbruch der ärztl. Versorgung							
Ansteckende Krankheiten							
Seuchen und Epidemien							
psychische Störungen							
vermehrte Ultraviolett-Einstrahlung							
Synergismen					?		

| 5   10 | Gefährdung f. | Gef. f. Bev. | Gef. f. Bev. | Grad d. Leb.- bedrohung f.d. | Potentielle Zahl d.Todes- |
re Jahre	Bev. USA/SU	nördl. Halbk.	südl. HK	Gefährdeten	opfer weltweit
	S	M	G	S	M–S
	S	M	G	M	M–S
	G	G	G	S	G–M
	M	M	G	M	M
	M	M	G	G	G
	S	S	M	G	G
	S	S	S	S	M–S
	S	S	M	M	M
	S	S	G–M	M	M–S
	S	S	S	S	S
	S	S	M	M	M
	M	M	G	S	M
	S	S	M	M	M
	S	S	G	G	G–M
	S	S	M	G	G
	?	?	?	?	?

Zu Tabelle 2:

In der rechten Tabellenhälfte finden sich Hinweise auf die Gefahren für die US-amerikanische und die sowjetische Bevölkerung, für die Bewohner der nördlichen und der südlichen Erdhalbkugel sowie für die Erdbevölkerung als ganze. S steht für starke, M für mittlere, G für geringe Gefährdung. *Nur* in der letzten Spalte bedeuten: G: null bis eine Million Tote; M: eine Million bis mehrere hundert Millionen Tote; S: mehr als einige hundert Millionen Tote. (Tabelle zusammengestellt von Mark Harwell und C.S.)
Schematische Darstellung der biologischen Aus- und Folgewirkungen eines Atomkriegs vom Ausmaß des Falles 1 aus Tabelle 1 (5000 MT). Die waagerechten Balken deuten die Dauer der einzelnen aufgeführten Effekte an; Verdickung und Verdünnung der Balken sollen Zunahme und Abnahme der Effekte bzw., dazwischen, die Spanne ihrer stärksten Wirksamkeit symbolisieren. »Synergismen« ist eine potentiell bedeutsame Kategorie; sie steht für mögliche Wechselwirkungen mit Folgeeffekten, die folgenschwerer sind als die Summe der Einzeleffekte. Über mögliche Synergismen wissen wir so gut wie nichts.

Abb. 1a

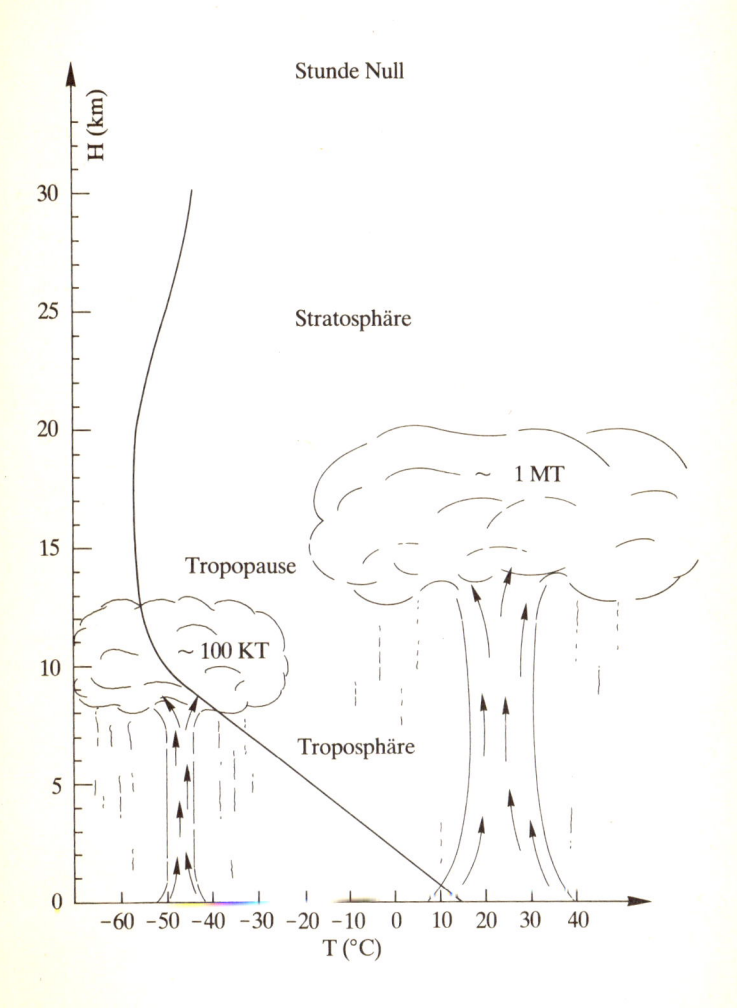

Figure: Stunde Null — Höhe H (km) vs. Temperatur T (°C); Tropopause trennt Troposphäre und Stratosphäre; Pilzwolken ~100 KT und ~1 MT.

Zu Abb 1a:

Die Kurve gibt die ungefähre Temperaturverteilung in der Erdatmosphäre über den mittleren Breiten der nördlichen oder südlichen Halbkugel an. Auf der Erdoberfläche herrscht im Jahresmittel eine Temperatur von 13 °C. Die Temperatur T fällt mit zunehmender Höhe H ab und erreicht in einer Höhe von rund 13 km einen Wert von etwa -55 °C. Diese Minustemperaturen sind Bergsteigern und Piloten vertraut. Die unterste Schicht der Erdatmosphäre, die Troposphäre, wird von Winden, Luftströmungen und Turbulenzen stets gut durchgemischt; sie ist die Schicht der Wolken und der Niederschläge. Das bedeutet, daß Feinpartikel aus der Troposphäre vergleichsweise rasch zur Erdoberfläche zurücktransportiert werden. Die Troposphäre (und mit ihr das, was wir »Wetter« nennen) endet an der sogenannten Tropopause in etwa 13 km Höhe. Darüber ist die Stratosphäre. Die Temperaturen bleiben hier bei zunehmender Höhe vergleichsweise konstant, vertikale Luftbewegungen und Turbulenzen kommen nur in sehr milder Form vor, Niederschläge gibt es hier nicht, und Feinpartikel schweben nur sehr langsam Richtung Erdoberfläche. Der bei Bränden und Feuerstürmen entstehende Qualm bleibt weitgehend auf die Troposphäre beschränkt; die Rußpartikel kehren demgemäß relativ rasch zur Erde zurück. Der bei bodennahen Detonationen mit hoher Sprengkraft – bei Angriffen auf Silos und andere gehärtete Ziele – aufgewirbelte Staub gelangt zu einem beträchtlichen Teil bis in die Stratosphäre und kehrt vergleichsweise langsam zurück. Die Sprengkraft (pro Detonation), bei der noch kein Staub in nennenswertem Umfang in die Stratosphäre gelangt, liegt bei rund 100 Kilotonnen (s. linker Pilz). Bei einer 1-Megatonnen-Detonation steigt der Feuerball fast in seinem gesamten Umfang bis in die Stratosphäre (s. rechter Pilz).

Abb. 1b

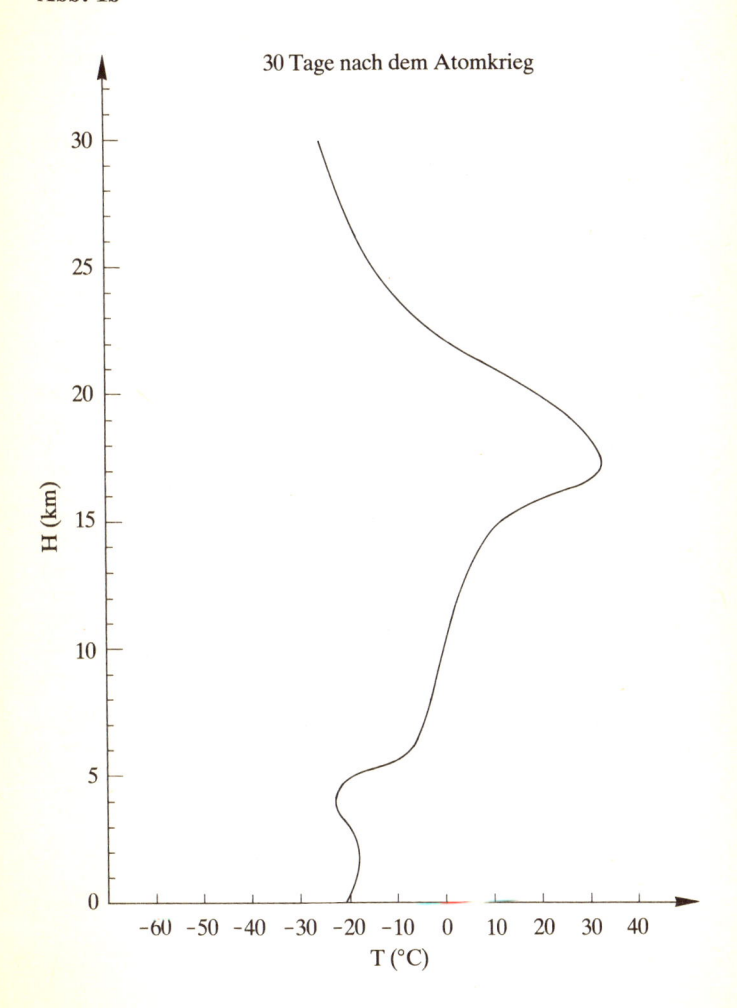

30 Tage nach dem Atomkrieg

Abb. 1c

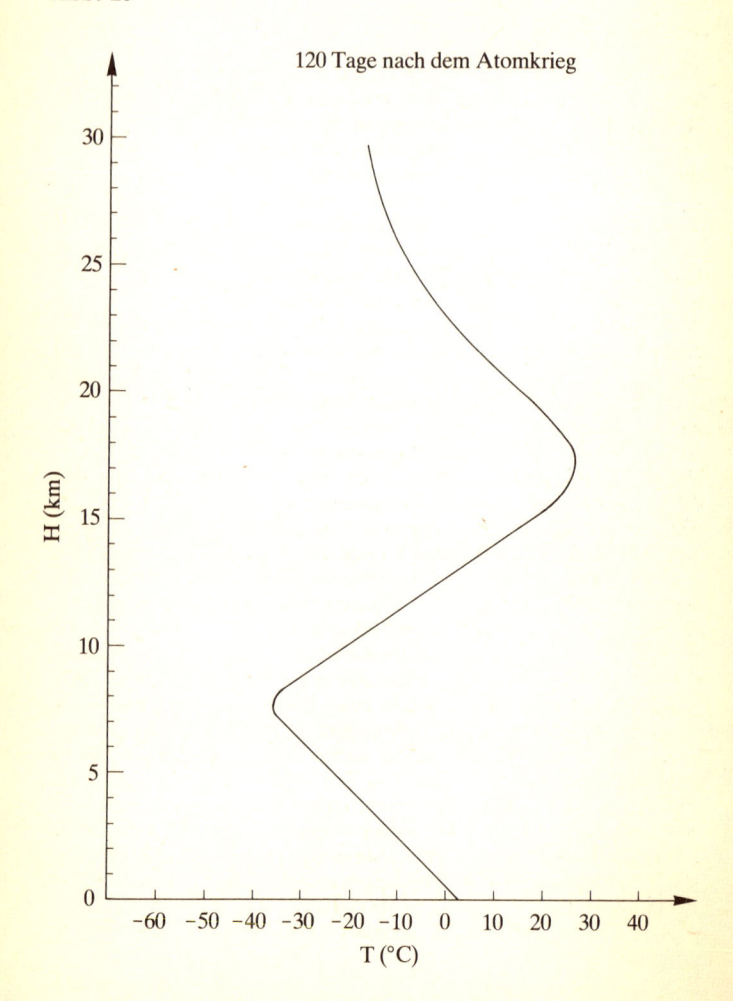

120 Tage nach dem Atomkrieg

zu Abb. 1 b und 1c

Wenn die hohen Luftschichten sich infolge der Absorption von Sonnenlicht durch den aufgewirbelten Feinstaub erwärmen, kühlt die Erdoberfläche, da sie entsprechend weniger Licht erhält, ab. Abb. 1 b zeigt, beruhend auf den TTAPS-Berechnungen, die Temperaturverteilung in der Erdatmosphäre über den mittleren nördlichen Breiten 30 Tage nach einem Atomkrieg vom Typ des Falles 1 in Tab. 1. Wie in Abb. 1 a, verkörpert auch hier die waagerechte Achse eine Temperaturskala (in °C), während auf der senkrechten Achse die Höhe (in km) notiert ist. Abb. 1 c zeigt die Temperaturverteilung 120 Tage nach dem Atomkrieg. Beide Male sehen wir, daß die herkömmliche Struktur (wie in Abb. 1 a dargestellt) verschwunden ist und eine neue Wärmeschicht (Inversion) sich gebildet hat. Dieser »Wärmeschild« wird von dem Sonnenlicht aufgeheizt, das die dort schwebenden Ruß- und Staubteilchen absorbieren. Ähnlich wie Inversionswetterlagen über Städten wie Los Angeles, ist eine dergestalt veränderte Temperaturstruktur ziemlich stabil; Partikel, die einmal bis in diese Höhe gelangt sind, fallen sehr viel langsamer als aus geringen Höhen. Da die Eigenschaften dieser Temperaturinversion bei den TTAPS-Berechnungen noch nicht berücksichtigt sind, kann es sein, daß die in Abb. 2 angegebenen Zeitspannen für die Wiederherstellung der normalen Verhältnisse viel zu optimistisch, d. h. zu kurz bemessen sind. In Abb. 1 b (30 Tage danach) finden wir jenes Segment der Erdatmosphäre, in dem die Temperaturen sich mit zunehmender Höhe kaum nennenswert ändern, als unterste Schicht wieder; in diesem Sinn kann man sagen, daß der Atomkrieg die Stratosphäre auf die Erde herabwandern läßt.

Ein Vergleich zwischen diesen beiden Abbildungen hilft uns auch verstehen, weshalb die Feinpartikel nach einiger Zeit in die südliche Hemisphäre hinüberdriften. Nehmen wir als Beispiel eine Höhe von 10 km. Einen Monat nach dem Krieg herrschen dort Temperaturen um 0 °C (s. Abb. 1 b). In der gleichen Höhe ist die Luft über der noch staub- und rußfreien südlichen Halbkugel um 50 ° kälter (s. Abb. 1 a). Das bedeutet, daß Luftmassen, und mit ihnen der darin enthaltene Schwebestaub, in die kälteren südlichen Zonen »hinabfließen« werden. Die starken Temperaturunterschiede werden in der nördlichen Hemisphäre südliche Strömungen verstärken und in der südlichen Hemisphäre nördliche Strömungen abschwächen. Im Endeffekt führt das möglicherweise dazu, daß die staubgeschwängerten Luftschichten sich gleichmäßig über die Erdkugel verteilen und dabei noch etwas an Höhe gewinnen.

Abb. 2

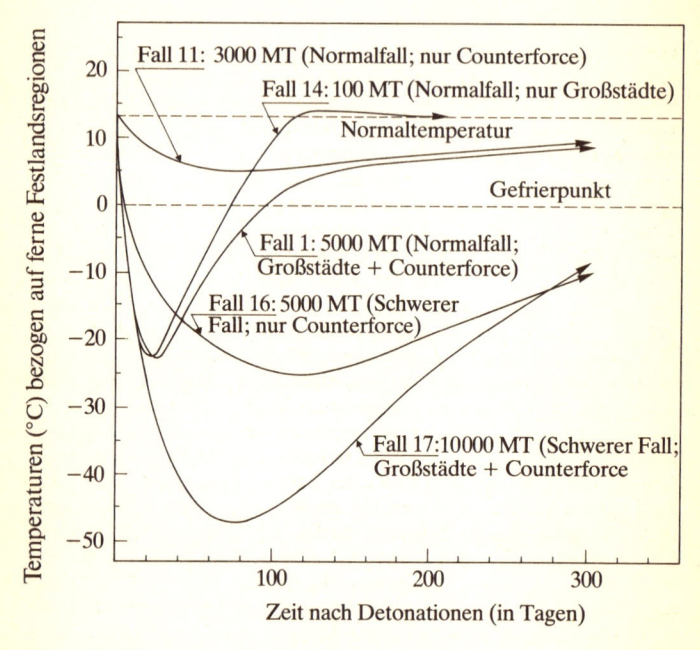

Temperaturen (°C) bezogen auf ferne Festlandsregionen

- Fall 11: 3000 MT (Normalfall; nur Counterforce)
- Fall 14: 100 MT (Normalfall; nur Großstädte)
- Normaltemperatur
- Gefrierpunkt
- Fall 1: 5000 MT (Normalfall; Großstädte + Counterforce)
- Fall 16: 5000 MT (Schwerer Fall; nur Counterforce)
- Fall 17: 10000 MT (Schwerer Fall; Großstädte + Counterforce

Zeit nach Detonationen (in Tagen)

Diese Abbildung zeigt die Entwicklung der Temperaturen, bezogen auf die Festlandsmassen der nördlichen Erdhalbkugel (ohne Berücksichtigung küstennaher Regionen), in den ersten 300 Tagen nach einem Atomkrieg. Die Temperaturen sind auf der senkrechten, die Tage, gezählt vom Beginn des Krieges an, auf der waagerechten Achse aufgetragen. Die obere der beiden waagerechten gestrichelten Linien gibt die Durchschnittstemperatur auf der Erdoberfläche an, gemittelt über alle Klimazonen und Jahreszeiten; sie liegt bei 13 °C. Die untere gestrichelte Linie entspricht dem Gefrierpunkt von chemisch reinem Wasser (0 °C). Jede Kurve repräsentiert eines der in Tab. 1 referierten Atomkriegsszenarien, wobei ein Bereich zwischen 100 Megatonnen (MT) und 10000 MT eingesetzter Gesamtsprengkraft abgedeckt ist.

Die hier dargestellten Fälle stellen eine Auswahl aus dem weit umfangreicheren Sortiment von Szenarien dar, das die TTAPS-Studie bietet. Es sind darunter zwei Fälle eines »gemischten« Counterforce- und Countervalue-Angriffs, bei denen der Haupteffekt das Aufsteigen großer Qualm- und Rauchmengen (als Folge des Abbrennens von Großstädten und Industrieanlagen) in die Troposphäre ist, sowie zwei Fälle eines »reinen« Counterforce-Angriffs, bei denen wir (sehr optimistisch) davon ausgegangen sind, daß kein Rauch entsteht, sondern statt dessen große Staubmassen bis in große Höhen hinaufgetragen werden. Bei den mit »Normalfall« bezeichneten Szenarien haben wir für diejenigen Parameter, die aufgrund mangelnder Erkenntnisse nur ungenau bestimmbar sind (wie die Größe der Staubteilchen oder die Anzahl der zu erwartenden Feuerstürme), die wahrscheinlichsten Werte angenommen; bei den mit »schwerer Fall« markierten Szenarien sind wir von pessimistischeren, aber noch plausiblen Werten für diese Parameter ausgegangen. Die Verlaufskurve für Fall 14 bricht ab, wo sie sich der Normaltemperatur-Linie bis auf 1 Grad annähert. Die Kurven für die vier übrigen Fälle enden nach 300 Tagen; der Grund dafür ist einfach, daß unsere Berechnungen sich nicht weiter als bis zu diesem Zeitpunkt erstreckten. Die Pfeile besagen, daß die Kurven sich in der Verlaufsrichtung fortsetzen dürften. Sehr vereinfacht gesagt, ist Fall 1 die Summe der Fälle 11 und 14. Fall 16 basiert auf der Annahme eines reinen Counterforce-Schlagabtauschs, bei dem ausschließlich bodennahe Detonationen großer Sprengkraft zur Zerstörung gegnerischer Silos vorkommen und entsprechend große Mengen Feinstaub anfallen. Nachfolgend eine nähere Beschreibung der fünf Varianten:

Fall 1 ist der Standardfall, von dem die TTAPS-Studie ausgeht. Zusammen setzen beide Seiten bei dieser Variante 4000 MT für Counterforce-Angriffe und 1000 MT für Angriffe auf Großstädte (einschließlich Vororte) ein. Der hauptsächliche Wirkfaktor ist der beim Abbrennen der Städte erzeugte Qualm. Das Temperaturminimum von -23 °C wird 2 bis 3 Wochen nach Kriegsbeginn erreicht, die Null-Grad-Grenze nach rund drei Monaten wieder überschritten. Die normalen Durchschnittstemperaturen stellen sich jedoch, da der stratosphärische Staub nur langsam niedergeht, erst nach über einem Jahr wieder ein.

Fall 11: Hier setzen die USA und/oder die Sowjetunion insgesamt 3000 MT Sprengkraft ein; angegriffen werden ausschließlich Silos und andere weit von Großstädten und Waldungen entfernte Ziele. Diese Variante geht (unrealistischerweise) davon aus, daß keine nennenswerten Brände ausbrechen. Die Temperaturen über den Festlandsmassen sinken im Verlauf dreier Monate stetig ab, und es dauert über ein Jahr, bis die Normaltemperaturen wieder erreicht sind.

Fall 14: Hier werden insgesamt nur 100 MT zur Explosion gebracht, und zwar ausschließlich in Form bodenferner Detonationen von geringer Sprengkraft über Großstädten. Diese Variante geht davon aus, daß kein Staub entsteht, sondern nur Qualm durch Brände und Feuerstürme, von dem nur ein sehr kleiner Teil bis in die Stratosphäre gelangt. Das Temperaturminimum von -23 °C wird nach 2 bis 3 Wochen erreicht, die Normaltemperatur nach etwa 100 Tagen. In dem Maß, wie der Qualm sich verzieht und setzt, dringt wieder ein zunehmender Teil des Sonnenlichts zur Erdoberfläche durch. Der noch in den tieferen atmosphärischen Schichten schwebende Rauch hält die von der Erdoberfläche zurückstrahlende Wärme »gefangen«, so daß zwischen dem 3. und 5. Monat ein bescheidener Gewächshauseffekt eintritt, der die Oberflächentemperatur um einige Grade über den Normalwert steigen läßt. 100 MT entsprechen einem Anteil von 0,8% des strategischen Arsenals der Supermächte.

Fall 16 ist ein 5000-Megatonnen-Schlagabtausch, bei dem hauptsächlich Silos angegriffen werden; Großstadtbrände in nennenswertem Ausmaß kommen hier nicht vor, doch ist eine höhere Staubentwicklung pro detonierter Megatonne angesetzt als in Fall 11. Das Temperaturminimum wird bei dieser Variante erst im Lauf des 4. Monats erreicht, mit -25 °C. Da die großen Staubmengen, die in die Stratosphäre gelangt sind, nur sehr langsam zur Erde zurücksinken, dauert es über ein Jahr, ehe die Landtemperaturen wieder über den Gefrierpunkt steigen, und noch wesentlich länger, ehe die Normaltemperatur wieder erreicht wird.

Fall 17: Bei dieser Variante setzen die USA und die SU rund drei Viertel ihres strategischen Arsenals für gemischte Angriffe auf Silos und Großstädte ein. Nach mehr als zwei Monaten wird das Temperaturminimum von -47 °C erreicht – eine Temperatur, wie sie in etwa auf der Oberfläche des Mars herrscht. Rauch und Qualm setzen sich verhältnismäßig rasch; die Langsamkeit der Temperaturerholung ist durch das Beharrungsvermögen des stratosphärischen Staubs bedingt. Der Gefrierpunkt wird erst nach rund einem Jahr wieder überschritten.

Abb. 3

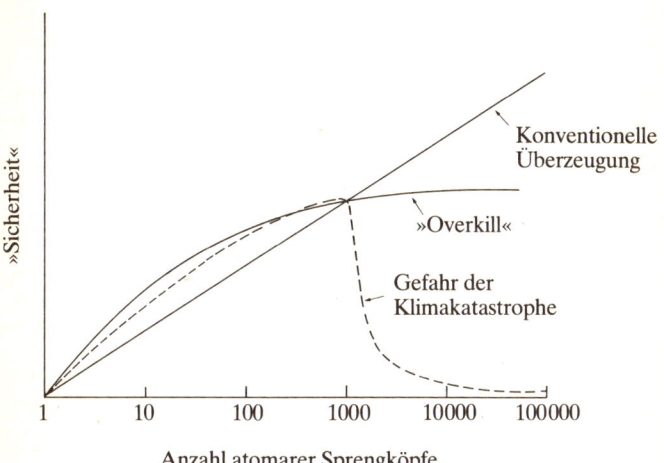

[Diagramm: y-Achse »Sicherheit«, x-Achse »Anzahl atomarer Sprengköpfe« (1, 10, 100, 1000, 10000, 100000); drei Kurven: »Konventionelle Überzeugung« (linear ansteigend), »Overkill« (Sättigung), »Gefahr der Klimakatastrophe« (steigt, dann steiler Abfall)]

Anzahl atomarer Sprengköpfe

Dieses Kurvendiagramm versinnbildlicht für drei verschiedene Denkansätze den Zusammenhang zwischen dem Grad der »nationalen Sicherheit« (senkrechte Achse) und dem Umfang der strategischen Arsenale (waagerechte Achse; jeder Einteilungsstrich markiert eine Vergrößerung der Arsenale um das Zehnfache). Der konventionellen Überzeugung nach nimmt die Sicherheit in linearer Abhängigkeit von der Zahl der Waffen und in einem potentiell unendlichen Prozeß zu. Die mit »Overkill« bezeichnete Kurve unterstellt eine Art Sättigungseffekt: Wenn genügend Waffen vorhanden sind, um jeglichen Feind zuverlässig vernichten zu können, bringt ein weiterer Zuwachs an Waffen keine zusätzliche Sicherheit mehr. Die TTAPS-Erkenntnisse zur Gefahr eines Nuklearwinters legen jedoch die Auffassung nahe, daß jenseits einer Schwelle, die bei etwa 500 bis 2000 Atomsprengköpfen liegt, die Bereitstellung zusätzlicher Waffen mit einem rapiden Verlust an nationaler Sicherheit einhergeht.

Abb. 4

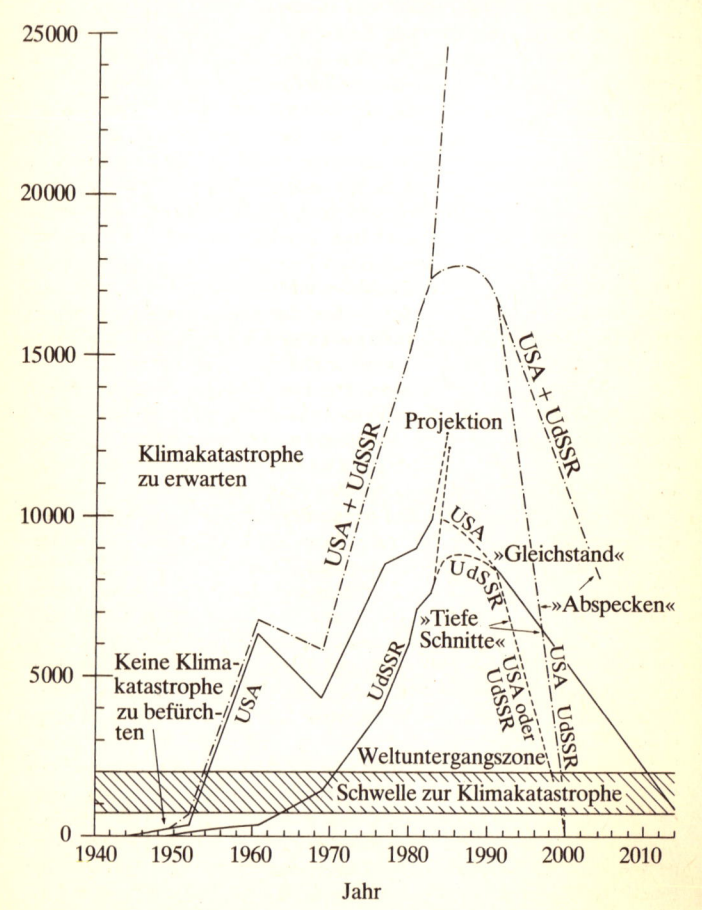

Vorrat an strategischen Atomwaffen

Zu Abb. 4

Die Vergangenheit und Zukunft des atomaren Rüstungswettlaufs. Das Diagramm ist in drei horizontale Bereiche eingeteilt: eine Zone, in der kein Nuklearwinter erzeugt werden könnte, ein Übergangsbereich (schraffiert), in dem das Risiko einer Klimakatastrophe nicht auszuschließen ist, und eine Zone, in der ein Atomkrieg mit ziemlicher Sicherheit die Klimakatastrophe auslösen würde. Die obere und untere Grenze des Übergangsbereichs sind nicht so eindeutig zu ziehen, wie die Abbildung es suggeriert; ihr Verlauf hängt, neben anderen Dingen, von der Zielplanung ab (Countervalue oder Counterforce). Aber die Schwelle liegt wahrscheinlich irgendwo zwischen einigen hundert und wenigen tausend Sprengköpfen der heute gebräuchlichen Typen.
Das Anwachsen des US-amerikanischen und des sowjetischen Atomwaffenarsenals seit 1945 ist mit den beiden durchgehenden Linien veranschaulicht. Die Strich-Punkt-Strich-Linien stehen für die Summe der beiden Supermacht-Arsenale, die annähernd mit der Gesamtheit des weltweit vorhandenen Arsenals gleichzusetzen ist. Obgleich die Unterschiede zwischen taktischen und Gefechtsfeld-Atomwaffen einerseits und strategischen Kernwaffen andererseits zunehmend verschwimmen, sind erstere an dieser Stelle nicht berücksichtigt. Der rückläufigen Tendenz, die das amerikanische Arsenal während der 60er Jahre aufweist, liegt der in diesem Zeitraum vollzogene Abbau der strategischen Bomberflotte zugunsten ballistischer Raketen zugrunde. Nicht alle Quellen, auf die wir uns stützen, sind sich in bezug auf die genauen Zahlen einig. Die für das vorliegende Schema verwendeten Zahlen wurden hauptsächlich den beiden folgenden amtlichen Quellen entnommen: Harold Brown, »Report of Secretary of Defense to the Congress on the Fiscal Year 1982 Budget, Fiscal Year 1983 Authorization Request und Fiscal Year 1986 Defense Programs« (Washington 1981), sowie »National Defense Budget Estimates, Fiscal Year 1983«, Office of the Assistant Secretary of Defense, Comptroller (März 1982).
Die geplante bzw. laufende Vergrößerung der atomaren Arsenale der USA und der SU für 1983 und die folgenden Jahre sind mit nahezu senkrecht ansteigenden, gestrichelten Linien wiedergegeben, die Summe beider in der bis fast an den oberen Rand des Diagramms stoßenden, in einem Pfeil endenden Linie. Die Zahlenangaben hierzu stammen aus: Frank Barnaby, *Ambio*, Bd. 11 (1982), S. 76–83. Siehe auch »Counter-

force Issues for the U.S. Strategic Nuclear Forces«, Congressional Budget Office (Januar 1978).
Ebenfalls für 1983 und danach angedeutet sind — sehr stark schematisiert — zwei zur Zeit diskutierte Möglichkeiten zur Beendigung und Zurückschraubung des atomaren Wettrüstens: der Ansatz der »Tiefen Schnitte« und der des »Abspeckens«. Aus Gründen der Einfachheit wird dabei eine quantitative und qualitative Gleichheit der Arsenale der USA und der SU von 1992 an unterstellt. Wiederum wird der mögliche Verlauf sowohl bezogen auf das Arsenal jeder der beiden Supermächte als auch bezogen auf die Summe beider Arsenale dargestellt. Näheres im Text.